역사 컬렉터가 사는 법

역사 컬렉터가 사는 법

발견과
몰입의
순간

빨간소금

박건호 지음

책을 펴내며

나는 역사 컬렉터다. 어쩌다 보니 그렇게 되었다. '역사 컬렉터'는 사전에 없는 낱말로 '골동품 수집가'가 불편해서 내가 새로 지었다. 아무리 생각해도 내가 수집하는 물건을 골동품으로 정의하기가 적절치 않았기 때문이다. 그래서 내 정체성에 들어맞는 낱말을 찾겠다며 궁싯거리다가 최종 선택한 게 역사 컬렉터다. 역사 사냥꾼, 역사 자료 수집가, 역사 수집가도 함께 고민한 것들이다.

매사가 그렇듯 어떤 일을 처음 시작할 때 그 끝이 어디로 가 닿을지 알 수 없는 법이다. 내 수집도 그렇다. 역사 수업을 위해 가벼운 마음으로 시작한 것이 이제는 꽤 무거워졌다. 한두 점으로 시작한 수집이 이제는 '컬렉션'이라는 이름을 붙여도 민망하지 않을 정도의 생태계가 되었다. 이로써 독자들에게 수집에 관한 이야기를 들려 줄 최소한의 자격은 갖춘 셈이다. 전작《컬렉터, 역사를 수집하다》(2020)와《역사 컬렉터, 탐정이 되다》(2023)가 수집보다 역사에 중심을 두었다면 이 책은 거꾸로 역사보다 수집에 중심을 두었다. 강연이나 독자와의 만남에서 수집에 관한 질문이 적지 않았기 때문이다. 이 책은 그 질문들에 대한 답변이라고 해도 무방하다.

나는 항상 좋은 수집가가 되기를 바랐다. 특히 역사 자료라는 수집 대상의 특수성 때문에 자료를 어떻게 다루어야 할지가 늘 고민이었다. 실수와 좌절이 앞을 가로막곤 했다. 좋은 자료라고 확신하고 수집한 것이 다시 봤을 때 섭치인 적도 한두 번이 아니었다. 그때마다 고려 승려 지눌의 《정혜결사문(定慧結社文)》 첫 구절이 큰 힘이 되었다.

'땅에서 넘어진 자 그 땅을 딛고 일어나라(人因地而倒者 因地而起).'

넘어진 그곳이 희망이 시작되는 자리다. 실패했다고 주저앉아 있을 수만은 없다. 해결의 실마리는 넘어진 그 자리에 있다.

이 책은 넘어지고 일어나고, 또 넘어지고 일어나기를 반복한 어느 역사 컬렉터의 좌충우돌 기록이다. 나는 이 좌충우돌의 역사 자료 수집기를 통해 모르는 역사를 새롭게 공부할 수 있었고, 인생의 교훈을 배울 수 있었다.

나는 좌충우돌이 주는 흥미진진함을 즐기기 시작했다. 그 흥미진진함이 나를 가슴 뛰게 하고 미지의 세계로 안내했으며, 삶을 더 풍요롭고 행복하게 했다. 이런 행복을 괴테도 알았을까? 그는 '세상에서 가장 행복한 사람은 수집가'라고 말했다.

이탈리아의 토리노박물관에는 고대 그리스 조각가 리시포스(Lysippos)가 만들었다는 카이로스의 부조상이 있다. 그런데 시간의 신 혹은 기회의 신으로 불리는 카이로스의 모습이 좀 특이하다. 그의 머리를 보면 앞머리는 무성한데 뒷머리는 대머리다. 양발에 날개가 달려 있고, 두 손에 저울과 칼이 들려 있다. 앞머리가 풍성한 것은 사람들이 카이로스를 쉽게 잡도록 하기 위해서고, 뒷머리가 대머리인 것은 그를 쫓는 사람들이 뒤에서 붙잡을 수 없게 하기 위해서다. 발에 날개가 달린 이유는 그가 바람과 함께 날아다니기 때문이고, 손에 저울과 칼을 들고 있는 것은 기회가 왔다고 판단되면 머뭇거리지 말고 칼처럼 예리하게 결단하라는 취지다.

수집은 자신과의 싸움이다. 안목을 기르기 위해 끊임없이 자신을 버려야 하고, 늘 인내해야 하며, 기회가 왔을 때 주저없이 결단해야 한다. 홀연히 왔다가 바람처럼 사라지는 기회와 시간의 신 카이로스, 누구에게나 찾아오지만 아무나 잡을 수 없는 기회, 지금 이 순간에도 카이로스는 우리 옆을 바람처럼 지나가고 있을지 모른다. 긴 인내로 기다리다가 드디어 기회가 오면 칼같이 예리하게 결단해야 한다. 수집가에게는 훌륭한 수집품이 곧 카이로스다. 역사 컬렉터로서 나 역시 카이로스를 붙잡기 위해 매일매일 고군분투하고 있다. 이 책은 안목을 기르기 위한 쉼 없는 탐구, 기다릴 줄 아는 인내심, 칼같은 결단, 이 세 기둥 위에서 아슬아슬하게 균형을 잡고 서 있는 한 역사 컬렉터의 고군분투기이기도 하다.

역사 컬렉터로서 새로운 길을 열어 가는 나는 이 좌충우돌과 고군분투의 기록을 통해 역사 수집에 대해 말하려 한다. 관심 있는 독자들에게 괜찮은 안내서가 되었으면 좋겠다.

내 수집 이야기를 한 권의 어엿한 책으로 만들어 준 황지희 편집

장, 이의렬 사진작가, 그리고 한문 번역을 매끄럽게 해 준 친구 임채명 선생에게 감사의 말씀을 드린다. 그리고 내 가족에게는 감사와 함께 컬렉터의 가족만이 겪는 고충을 안긴 것에 대한 참회의 마음도 덧붙인다.

2024년 11월

역사 컬렉터의 다락방에서

박건호

차례

프롤로그

역사 컬렉터와
수집

나는 심심할 때마다 수집품을 들여다본다. 늘 즐겁다. 그들과 대화하며 낯선 시대로 여행할 수 있기 때문이다. 이런 여행을 할 때마다 인간이 기록하고자 하는 마음을 본능처럼 가지고 있음을 느낀다.

내가 수집한 물건 가운데 〈철도공사여행일기(鐵道公事旅行日記)〉라는 노트가 있다. 부산과 울산 사이에 동해남부선이 부설될 때인 1933년 충청도 영동 출신의 한 청년이 울주군 남창역 주변의 철도 공사장에서 한 달 이상 노역하며 쓴 일기다. 일기는 궁민구제토목 사업이 한창이던 식민지하 조선의 한 철도 공사장에서 경제적 어려움과 싸운 민초들의 삶의 단면을 보여 준다. 공사장에서 일할 당시 청년의 나이는 스물세 살이었다.

그런데 이 일기장에 이상한 점이 있다. 모든 일기를 볼펜으로 깨끗하게 썼다. 1930년대에 볼펜을 사용했던가? 글쓴이가 직접 만든 것으로 보이는 노트의 접힌 안쪽 면에 큰 숫자가 비치는 점도 이상했다. 조심스레 안쪽을 엿보니 "1971"과 작은 숫자들이 있다. 1971년 달력이었다. 1933년 당시 스물세 살에 여행 일기를 쓴 청년은 어느덧 환갑이 지난 1971년도에 달력으로 정성껏 노트를 만들어 일기를 재작성한 것이다. 볼펜으로 쓴 것으로 보아 낡은 일기장을 새로 베껴 쓴 것 같다. 그는 무슨 마음으로 40년 전의 일을 다시 기록했을까? 노인은 옛 일기를 베껴 쓰면서 젊은 시절의 자신을 추억하고 싶었던 것일까? 이제 역사가 된 그 시대 인부들이 흘린 땀과 눈물, 그리고 고단함을 후대 사람들이 기억하길 바랐던 것일까?

〈사변을 당도하야〉라는 두루마리 수집품도 흥미롭다. '정숙'이라는 인물이 한국전쟁 때 겪은 인생사를 무려 15m나 되는 길이의 두루마리에 기록했다. 두루마리의 끝에 "사람 팔자 몰라요 정숙 씀"이라고 쓰여 있어서 글쓴이를 알 수 있다.

두루마리에는 전쟁 때 그녀가 겪은 일들이 구구절절 쓰여 있다. 피난 중 엄마가 식량 구하러 갔다가 돌아오지 않았다는 이야기부터 나온다. 정숙의 아버지는 시각장애인이었다. 어린 나이에 정숙이 갑자기 소녀 가장이 된 것이다. 아래로는 동생이 하나 딸려 있었다. 전쟁은 어린 소녀가 감당하기에 너무 가혹했고 어깨에 놓인 짐 또한 한없이 무거웠다.

정숙은 전쟁이 끝나고 한참 세월이 지난 뒤 그때의 일을 기록하고 싶었던 모양이다. 밤마다 엎드려 글을 썼다. 종이가 부족하면 계속 종이를 이어 붙이며 자기 인생사를 기억하고 기록했다. 남들에게 쉽게 말할 수 없는 넋두리일 수도 있고, 가족에 대한 원망이나 그리움일 수도 있다. 이 기록이 정숙에게 위로가 되었을까? 이 기록이 정숙의 상처를 치유했을까?

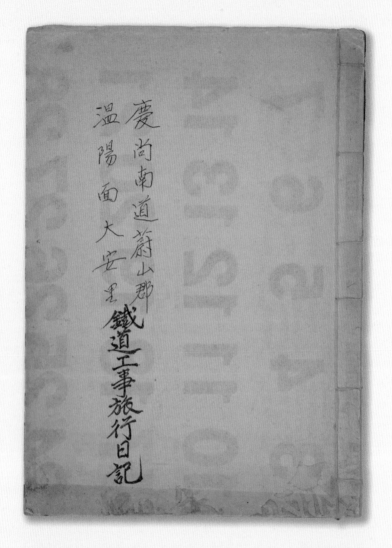

慶尚南道蔚山郡
温陽面大安里
鐵道工事旅行日記

1933년 철도 공사 당시의 일상을 기록한 일기장이다. 정갈한 글씨로 제목을 "鐵道公事旅行日記(철도공사여행일기)"라 쓰고 당시 자신이 일했던 곳으로 보이는 "慶尚南道蔚山郡温陽面大安里(경상남도 울산군 온양면 대안리)"라는 지명을 함께 썼다. 노트의 표지 안쪽에 세로로 숫자들이 보인다. 달력 뒷면을 활용해 만들었기 때문이다.

〈철도공사여행일기〉를 쓴 영동 청년과 〈사변을 당도하야〉를 쓴 정숙뿐 아니라 내가 만난 수많은 자료 속 인물들은 '기록하는 사람'이었다. 그들은 기록함으로써 외로움과 싸워 나갔고 자신의 존재를 세상에 증명하고자 했다. 그들은 모두 호모 나랜스(Homo narrans, 글로 이야기하는 사람)이자 호모 아키비스트(Homo Archivist, 기록하는 인간)였다. 놓치고 싶지 않은 사건이나 생각, 그 순간의 느낌과 감정까지 섬세하게 기록함으로써 언제까지나 그 순간을 붙잡아 두고자 했다. 그래서 그들이 남긴 기록에는 그 시대 사람들의 삶과 역사가 오롯이 담겨 있다. 내가 수집을 단순히 옛 기록이나 물건을 모으는 일이 아니라, 그것에 담긴 사람들의 삶과 역사를 모으는 일이라고 말하는 이유다.

우리는 모두 컬렉터의 마음을 가지고 있다

컬렉터들은, 아니 적어도 나는 자료가 가진 소중한 의미 때문에 수집한다. 그 소중한 의미를 찾고 부여하는 긴 여정이 바로 수집이다. 이렇게 하나하나 수집하다 보면 수집품이 담고 있는 고유한 의미도 의미지만, 수집 과정에서 겪은 마음 졸임이나 슬픔, 기쁨의 감정까지 곁들여져 하나의 의미 체계를 형성한다. 그래서 컬렉터들의 컬렉션은 고유한 빛깔과 향기를 지닌다. 컬렉터의 수만큼 컬렉션이 존재하는 이유다.

사람들은 소중하고 의미 있는 것들을 쉽게 버리지 못한다. 그것들과 헤어지기 위해서는 큰 고통을 겪어야 한다. 당장 인터넷을 검색해 보라. 오랫동안 타던 차를 폐차하기 직전의 소회를 담은 글들이 넘쳐난다. 심지어 조선시대 〈조침문(弔針文)〉에 빗댄 〈조차문(弔車文)〉을 어렵지 않게 찾을 수 있다. 폐차 전날 그 차 안에서 잤다는 이야기도 있다. 왜 사람들은 고철 덩어리로 전락할 낡은 차에 이런 감정을 느낄까? 그 차에 가족의 역사가 담겨 있기 때문일 것이다. 그 차와 함께했던 가족들의 추억 때문이지 차의 재산적 가치가 아까워서 그런 것은 아닐 테다.

텔레비전에서 우연히 이런 장면을 봤다. 서울 충무로에서 잘나가는 주꾸미 식당을 운영하는 사장에게 연출자가 물었다. 주방에 겹겹이 쌓인 낡은 양은 냄비를 가리키며 이것을 왜 보관하고 있는지를. 식당 사장의 대답은 이랬다.

"40년 된 이 양은 냄비 못 버려요. 우리 가족을 먹여 살렸거든요."

차주와 주꾸미 식당 사장이 차와 양은 냄비에 얽힌 추억 때문에 이별을 힘들어 하는 것처럼, 컬렉터 또한 수집품과 헤어지면서 심장이 쪼개지는 아픔을 겪는다.

몇 년 전 나는 한 텔레비전 프로그램에 출연 제의를 받았다. 내가 알기로 그 프로그램에는 엉뚱하고 기이한 취미를 가진 이들이 주로 출연했다. 나는 사양했다. 그곳에 출연하면 수집하는 내 일이 희화화될 것 같았기 때문이다. 수집하는 사람들 대다수는 기이하지 않다. 그들은 수집에 특별한 의미를 부여하고, 관심과 애정 그리고 시간과 비용을 쏟을 뿐이다. 그들은 오늘도 자신만의 컬렉션을 구축하기 위해 찾고 수집하는 고독한 여행을 계속한다. 그들은 특별한 사람이 아니며 그들의 취미 역시 기이하지 않다. 그들은 삶과 추억과 인생과 가족과 역사를 사랑하는 우리 주변의 평범한 사람이다.

역사 컬렉터의 조건

한국인이 가장 즐겨 마시는 술인 소주를 한자로 써 보라고 하면 제대로 쓰는 사람이 많지 않다. 소주는 소박하다는 의미의 '素酒'나 작은 잔에 마신다고 '小酒'가 아니라, '불태울 소(燒)'를 써서 '燒酒'다. 곡물을 발효시킨 후 그것을 불로 증류시켜 만들기 때문이다.

소주처럼 수집도 한자로 쓰기 만만찮다. 수집을 국어사전에서 찾아보면 비슷한 뜻의 한자가 네 가지 정도 나온다. 첫째는 '收集'이다. 거두어 모은다는 뜻이다. 재활용품 수집이라고 할 때 쓴다. 둘째는 '蒐集'이다. 취미나 연구를 위해 여러 가지 물건이나 재료를 찾아 모은다는 뜻이다. 셋째는 '蒐輯'이다. 여러 가지 자료를 찾아 모아서 편집한다는 뜻이고, 넷째는 '粹集'으로 사물의 가장 중요한 부분만 골라 모은다는 뜻이다. 역사 컬렉터로서 내가 하는 활동은 취미나 연구를 위해 여러 가지 물건을 찾아 모으는 일이므로 '蒐集'에 해당한다.

컬렉터는 우선, 모으는 일을 잘해야 한다. 중구난방으로 이것저것 아무렇게나 수집해서는 안 된다. 전략을 세우고 체계와 계통에 맞게 모아야 한다. 예를 들어 '깊게 수집하기'나 '넓게 수집하기'를 먼저 정하는 것도 수집 전략 중 하나다. 넓게 수집하기는 다양한 주제나 분야를 망라해 모으는 것이고, 깊게 수집하기는 특정 분야에

집중해 심도 있게 모으는 것이다. 이런 기본적인 수집 전략을 세우지 않고 무턱대고 수집에 뛰어들면 얼마 지나지 않아 큰 낭패를 보기 십상이다.

수집을 잘하려면 잘 모으는 것으로는 부족하다. 수집한 걸 시대별이든 주제별이든 자신만의 생태계에 맞게 분류하고 정리해야 한다. 그렇지 않으면 무엇이 어디 있는지 혼란에 빠진다. 역사 컬렉터는 여기에 하나를 더해야 한다. 수집한 자료와 대화하기. 모아서 정리하는 것은 결국 이 대화를 위한 준비 과정이다. 역사 컬렉터는 옛자료를 통해 과거와 대화를 시도하는 사람이다. 그런 점에서 역사컬렉터의 일은 역사학자의 일과 큰 차이가 없다. 다만 역사학자가주로 문헌 자료를 바탕으로 역사를 연구한다면, 역사 컬렉터는 자신이 수집한 다양한 자료를 활용해 과거와 대화한다.

이런 대화를 위해서는 오랜 경험, 그리고 자료에 대한 이해와 사랑이 있어야 한다. 역사 컬렉터는 수집한 자료와 깊은 대화를 통해자료가 가진 내밀한 이야기, 자료 속에 들어 있는 사람들의 삶과 역사적 사실을 캐낸다. 역사 컬렉터는 그렇게 캐낸 내용을 재구성해하나의 서사로 풀어낸다. 그 서술한 결과가 곧 역사라고 할 수 있다. 그러므로 역사 컬렉터는 역사 스토리텔러이기도 하다.

나의 수집 철학

통일신라시대에 의상이라는 승려가 있었다. 원효가 해골바가지를 통해 얻은 깨달음으로 유학을 포기하고 신라에 남기로 했을 때

의상은 뜻을 굽히지 않고 당나라로 떠났다. 의상은 그곳에서 치열하게 공부해 불교 경전 중 가장 중요하고도 난해한 《화엄경(華嚴經)》을 완벽하게 이해했다. 의상은 한걸음 더 나아가 자신이 이해한 화엄 사상을 알기 쉽게 7언 30구 210자로 요약하고, 이를 〈화엄일승법계도(華嚴一乘法界圖)〉로 만들었다. 이 그림은 당나라 유학 생활을 결산하는 의상의 졸업논문 정도로 보면 되는데, 화엄 사상을 전혀 모르는 사람도 '법성원융무이상(法性圓融無二相)'부터 시작해 '구래부동명위불(舊來不動名爲佛)'로 끝날 때까지 한 자 한 자 따라가다 보면 저절로 화엄 사상의 핵심을 파악할 수 있다. 〈화엄일승법계도〉는 여전히 《화엄경》의 근본정신을 가장 간결하고 정확하게 요약했다고 평가받는다.

　　그러면 〈화엄일승법계도〉로 요약된 화엄경의 핵심 내용은 무엇일까? 다음 대목을 보자.

一中一切多中一　부분 속에 전체 있고 전체 속에 부분 있어

一即一切多即一　부분이 곧 전체이고 전체가 곧 부분이네.

一微塵中含十方　자그마한 티끌 속에 온 세상이 들어 있고

一切塵中亦如是　전체의 티끌 속도 또한 이와 같은 것이네.

無量遠劫即一念　한없는 시간이 바로 한순간의 생각이고

一念即是無量劫　한순간의 생각이 곧 한없는 시간일세.

전체 속에 부분이 들어 있고 부분 속에 전체가 들어 있다. 한없는

華嚴一乘法界圖

法性圓融無二相　諸法不動本來寂
無名無相絕一切　證智所知非餘境
真性甚深極微妙　不守自性隨緣成
一中一切多中一　一即一切多即一
一微塵中含十方　一切塵中亦如是
無量遠劫即一念　一念即是無量劫
九世十世互相即　仍不雜亂隔別成
初發心時便正覺　生死涅槃常共和
理事冥然無分別　十佛普賢大人境
能仁海印三昧中　繁出如意不思議
雨寶益生滿虛空　衆生隨器得利益
是故行者還本際　叵息妄想必不得
無緣善巧捉如意　歸家隨分得資糧
以陀羅尼無盡寶　莊嚴法界實寶殿
窮坐實際中道床　舊來不動名為佛

의상이 화엄 사상의 핵심을 그림으로 정리한 〈화엄일승법계도(華嚴一乘法界圖)〉.

시간 속에 한순간이 들어 있고 한순간 속에 한없는 시간이 들어 있다. 이렇게 우주 만물은 각자 떨어진 채 고립되어 존재하는 것이 아니라, 서로 긴밀히 연결되어 있다. 이것이 의상이 이해한 《화엄경》의 핵심이다.

우주 만물이 서로 연결되어 있다는 화엄 사상은 내 수집의 기본 철학이기도 하다. 어떤 자료를 하나 수집했다고 하자. 자료는 그것을 만든 시대의 자식으로서 그 시대를 구성했던 하나의 퍼즐 조각과 같다. 그리고 그 시대와 그 시대를 산 사람들이 사라지고 난 뒤 자료는 홀로 남아 시대를 증언한다. 그러므로 자료 속에는 시대가 오롯이 담겨 있다. 나는 자료를 통해 시대를 느끼고 만난다. 그러므로 옛 자료는 시대를 만나는 작은 창이다. 나는 그 창을 통해 그 시대를 조심스럽게 들여다볼 수 있고, 심지어 그 시대로 돌아갈 수 있다.

내가 수집한 자료 가운데 조선총독부 계단석 파편이 있다. 얼핏 보면 단순한 돌덩이다. 그런데 이 돌에는 역사적 의미가 담겨 있다. 1995년 김영삼 정부가 광복 50주년을 기념해 조선총독부 건물을 철거할 때 떨어져 나온 것이다. 철거 공사 때 며칠 기간을 정하고, 수북이 쌓인 무더기 속에서 시민들이 총독부 파편석을 기념품으로 자유롭게 골라 가게 한 행사가 있었다. 나도 그때 광화문 현장에 가서 몇 개의 돌덩이를 주워 왔고, 그것을 지금까지 소장하고 있다.

이 화강암 돌덩이는 식민지 조선을 통치하던 조선총독부에서 떨어져 나왔다. 조선총독부 건물은 철거되었지만, 그 건물을 구성했던 파편은 지금까지 남아 그 시대 역사를 증언하고 있다. 이제부터

이 돌덩이는 조선총독부의 파편이 아니라 조선총독부 자체다. 또한 그 속에는 일제강점기 35년의 역사가 응축되어 있다. 전체 속에 부분이 들어 있지만, 부분 속에도 전체가 들어 있기 때문이다. 이제 이 파편은 '돌덩이 따위'라고 결코 불릴 수 없는 묵직한 무게가 담긴 역사 자료다.

사소한 역사도 사소한 사람도 없다

내 수집품은 죽어 있던 자료다. 그렇다고 해서 내 컬렉션을 자료들의 공동묘지로 정의할 수는 없다. 죽어 있던 자료들은 역사적 해석과 의미를 부여받았을 때 다시 새로운 생명을 얻기 때문이다. 수집품에 새 생명을 불어넣기 위해서는 컬렉터가 역사적 배경지식을 갖추고 그 가치나 의미를 찾아내야 한다. 사진 속에 담긴 구호를 보고 그것이 어떤 사회상을 반영하는지, 제창된 시기가 언제였는지를 규명하기 위해서는 근현대사를 이해하고 있어야 한다. 그렇다고 역사 지식이 있어야만 의미를 온전히 읽어 낼 수 있다는 말은 아니다. 자료를 해독하는 과정에서 의미를 새롭게 배울 수도 있다. 따로 정해진 선후관계는 없다. 역사 컬렉터와 수집한 자료 사이에 끊임없는 대화가 이루어지는 것이다.

역사 컬렉터로서 나는 옛 물건을 통해 그 시대를 만난다. 옛 자료는 몇백, 몇천 년 전 혹은 몇십 년 전에 이곳에 살았던 사람들과 지금 살고 있는 사람들, 살아갈 사람들을 연결한다. 옛 자료 자체가 역사다. 그러므로 내가 수집하는 자료는 〈독립선언서〉나 〈대한민국임시헌장〉처럼 반드시 '큰(big)' 문서일 필요는 없다. 평범한 시민의 메모 한 장, 월급 명세서, 한국전쟁 때 쓴 군인의 일기장 등 '작은(little)' 문서에도 역사가 깃들어 있기 때문이다. 그렇다고 개별 자료가 그것을 생산한 시대의 역사 전체를 보여 준다고 말하지는 않겠다. 그것은 오만한 태도다. 전체 역사 속에서 자료들이 위치하는 맥락을 찾아야 하고, 자료를 생산한 사람의 정치적 성향이나 처한 위치 등을 종합적으로 파악해야 한다. 그런 뒤에 자료 속에서 의미있는 내용을 골라내 퍼즐 조각을 맞춰야 한다.

역사학은 사람들의 개별 경험을 존중하면서도 그 시대의 전체적인 판도와 흐름을 놓치지 않아야 한다. 어떤 자료도 그 시대 전체를 대변할 수 없다. 그 시대를 담고 있는 하나의 파편에 불과할 뿐이다. 오히려 나는 한계를 적극 인정한다. 그래서 옛 자료를 통해 그 시대 전부를 이야기하겠다는 의무감이나 책임감은 애당초 가지지 않는다. 그것은 불가능한 꿈이다. 무릇 모든 취미 활동은 재미있고 가볍고 즐거워야 한다. 어깨 힘을 빼고 호기심이 가득한 눈으로 몰입한 채 역사 여행을 즐기면 그만이다.

어쩌다 보니 역사 컬렉터가 되었다. 그러나 어떤 후회도 없이 나는 지금 행복한 마음으로 그 삶을 즐기고 있다. 이 마음을 오랫동안 이어갈 것 같다.

1

누구에게나

처음은 있다

모 래 사 장 에 서
만 난
신 석 기 시 대

나는 어려서부터 역사를 좋아했다. 무슨 계기가 있었던 건 아니다. 굳이 꼽자면 집에 있던 12권짜리 한국사 전집이 떠오른다. 아버지가 보는 책이었는데 흑백으로 된 데다 한자가 많아서 초등학생이 읽기에는 무리였다. 그럼에도 볼 만한 책이 있을 리 없는 1970년대 농촌에서 나에게 좋은 역사 선생님이 되어 주었다. 전집의 책들은 앞쪽 절반이 글, 뒤쪽 절반이 관련 유물 사진(참고 도판)이었다. 나는 내용을 잘 이해하지 못했지만 관련 유물을 사진으로 익혔다. 역사 사실보다 유물에 더 일찍 눈을 뜬 셈이다. 그때부터 유물을 직접 보고 싶다는 선망이 마음속에 자리 잡았다. 전집 첫째 권에 빗살무늬토기가 한 쪽 전체에 실려 있었다. 그때는 빗살무늬토기 파편을 내가 직접 '발굴'해 손에 쥘지 몰랐다.

1987년 2월 밀양에서 고등학교를 졸업하고 그해 3월 서울대학교 국사학과에 입학했다. 당시 농촌 지역에서 서울로 진학한다면 대부분 법대나 상경 계열을 선택하는 분위기에서 인문 계열로 진학한 것은 일종의 낭만이자 모험이었다. 특별한 생각은 없었다. 그냥 역사가 좋아서 선택했다.

입학하고 한 달이 조금 지났을 무렵 첫 학술 답사를 가게 되었다. 학술 답사는 매년 봄가을에 열리는 국사학과의 가장 중요한 정례 행

누구에게나 처음은 있다

1987년 4월 춘계 학술 답사 중 강원도 양양 오산리 유적지에서 주제 발표하는 장면. 유적지에는 해송과 모래사장 말고는 아무것도 없었다(위). 그때 내가 그곳에서 우연히 발견한 빗살무늬토기 파편 몇 조각(아래).

사였다. 선배들은 학술(學術)의 '술'이 재주나 기술을 뜻하는 '술(術)'이 아니라 마시는 '술(酒)'이라면서 술 많이 마실 각오하고 오라고 겁을 주었다. 답사 지역은 강원권이었고 양양 오산리 신석기 유적지가 들어 있었다. 지금은 양양이 서핑으로 유명한 핫 플레이스지만, 당시는 그리 알려지지 않았다. 오산리 유적지는 기원전 8,000년 신석기인의 움집터가 발견된 곳으로, 우리가 답사 가기 몇 년 전에 서울대박물관이 발굴을 끝낸 상태였다. 이 발굴로 오산리 유적지는 당시 한국에서 가장 오래된 신석기 유적지로 새롭게 기록되었다.

그런데 기대가 너무 컸을까. 1만 년 전의 유적지는 황량하기 짝이 없었다. 바닷가에는 줄지어 선 해송을 배경으로 모래사장이 펼쳐져 있을 뿐이었다. 그런 곳에서 신석기 시대 사람의 삶을 상상하기란 쉽지 않았다. 주제 발표를 맡은 선배의 설명을 듣는 학우들은 설명이 끝나면 모래사장에서 벌어질 공놀이를 기대하는 듯 지루한 표정이 역력했다. 그때 문득 이런 생각이 떠올랐다. 여기가 신석기 유적지라면 토기 파편처럼 뭐라도 그 시대 흔적이 남아 있지 않을까? 나는 모래밭을 발로 휘젓기 시작했다. 혹시나 하는 마음이었다.

그런데 진지할 리 없는 무의미한 발짓을 시작한 지 채 1분이 지났을까. 적갈색을 띠는 물체 하나가 거짓말같이 삐죽 모습을 드러냈다. 엄지손가락 한 마디쯤 되는 크기의 토기 파편이었다. 선명한 V자 문양! 누가 보더라도 빗살무늬토기 파편이었다. 이런 비현실적인 상황이라니…. 생각해 보라. 모래사장에서 발을 몇 번 휘저어서 신석기 시대 토기 파편을 주울 가능성이 얼마나 될지를. 깜짝 놀란 나는 부랴부랴 몸을 숙여 주위를 파헤치기 시작했다. 10여 분을 그렇게 모래밭을 뒤집은 결과 토기 파편 네 점을 더 발견했다. 맨손으로 이 정도를 발굴했으니, 일본에서 손만 대면 구석기 유물을 발견했다는 (물론 이후 조작으로 밝혀져 세상의 웃음거리가 되었지만) '신의 손' 후지무라 신이치가 따로 없지 않은가.

1학년 초보 사학도는 고고학자라도 된 양 득의만만한 표정으로 발견한 유물들을 손에 쥐었다. 그러곤 눈을 감았다. 금방 손이 따뜻해졌다. 1만 년 전의 사람들과 그들이 산 시대에 접속하는 순간이었다. 구체적 물성을 지닌 작은 토기 파편들이 혹독한 시간을 버티고 살아남아 그 시대 이야기를 조용히 들려주었다. 나는 토기 파편들을 통해 시대의 온기를 느끼며 신석기 시대와 대화를 나누었다. 토기 파편들은 사연과 비밀을 담은 타임캡슐이었다. 그 속에는 무한한 상상의 여백이 펼쳐져 있었다.

한참 동안 대화한 후 나는 눈을 떴다. 모래밭에서 떠들썩하게 공놀이하는 학우들과 모래밭을 뛰어다니는 신석기 시대 사람들의 모습이 겹쳐 보이는 듯했다. 신석기 시대 모래밭은 지금과 큰 차이가 없었을 것이다. 사람들만 바뀌었다. 그렇게 이 땅에서 사람들은 바통을 주고받으며 삶과 문화를 이어 나갔고, 그렇게 역사가 되었다. 1987년 봄날, 양양 바닷가에서 겪은 신비로운 경험은 지금도 묘한 여운이 있다. 역사는 그런 모습으로 나에게 다가왔다.

대 지 마   감 자 와
일 본

"저 무덤처럼 죽으면 같이 묻힐까?" 허진호 감독의 영화 〈봄날은 간다〉에서 주인공 은수가 한자리에 나란히 있는 두 개의 무덤을 보면서 상우에게 말한다. 그러나 늘 봄날일 것 같았던 그들의 사랑은 여름에 접어들면서 삐걱거리기 시작한다. 그 사실을 받아들이지 못하는 상우는 괴로워하며 은수에게 묻는다. "어떻게 사랑이 변하니?"

상우에게는 야속하겠지만 시간이 흐르면서 사랑은 변할 수 있다. 첫사랑의 기억도 마찬가지다. 중년 남성에게 첫사랑이 누군지를 물어보자. 초등학생 때 짝사랑한 같은 반 여학생이라 할 수도, 성인이 되어 세상 이치를 분별할 무렵 사귄 연인이라 할 수도, 관능적 사랑에 눈뜨게 한 여인이라 할 수도 있다. 그것이 아니라면, 배우자와 함께 간 모임에서 지난 연애 편력을 비밀로 한 채 지금 아내가 첫사랑이자 끝사랑이라고 호기롭게 말할 수 있다.

수집하는 사람으로서 첫 수집품이 뭐냐는 질문에 대한 내 대답은 이와 비슷하다. 상황이나 묻는 조건에 따라 '처음'이 달라지기 때문이다. 첫사랑은 많아야 열 손가락 안에서 고를 수 있지만, 수집의 세계는 훨씬 방대해서 더욱 선택이 어렵다. 컬렉터에게 수집은 일상인 데다 컬렉터가 수집 때마다 목록을 일일이 작성해 두는 것

누구에게나 처음은 있다

도 아니다. 규모가 그렇게 커질지 모르고 덤벼드는 일이라 수집 초기에는 '처음'이라는 딱지를 붙이며 의미를 부여할 수준이 안 된다. 또한 초보 컬렉터가 '최초의 수집품' 운운하는 것은 다른 사람에게 자칫 오만함으로 비칠 수 있다. 그래서 '최초의 수집품'이라는 타이틀은 수집품이 꽤 쌓이고 컬렉터라고 불러도 스스로 부끄럽지 않은 수준이 된 뒤에 과거를 뒤돌아보면서 인상적인 수집품에 붙이기 마련이다. 그래서 컬렉터들이 최초라고 밝히는 수집품이 실제로 최초인지는 단정할 수 없다.

내 경우도 그렇다. 대학 1학년 때 양양 오산리 바닷가에서 우연히 주운 빗살무늬토기 파편이 첫 수집품일 수 있지만, 초등학교 3~4학년때 비슷한 경험을 한 적이 있다. 농촌 마을에서 자란 나는 집안 농사일을 때때로 거들었다. 우리 마을에서는 벼농사뿐 아니라 수박, 배추, 감자 등 밭농사도 지었는데, 봄철에는 감자를 많이 심었다. 그때 사용한 감자 종자는 일본에서 수입한 것으로, 감자 몇 상자를 마을회관에서 받아 와서는 몇 조각으로 쪼갠 뒤 밭에다 심었다. 이름이 '대지마'였는데, 어린 나이에 '돼지가 먹는 감자'인가 생각하고는 혼자 키득거렸다. 나중에 찾아보니 대지마 감자는 1976년 일본 나가사키시험장에서 육성한 품종이었다.

그 일본 감자가 어떻게 우리 마을까지 왔는지는 잘 모른다. 어느 날 감자 쪼개는 일을 돕다가 상자 속에서 반짝이는 무언가를 발견했다. 꺼내 보니 사용한 흔적이 거의 없이 깨끗한 일본 동전이었다. 액면 가격이 얼마였는지, 가운데에 구멍이 뚫려 있었는지 지금은 기억이 흐릿하다. 나는 상자와 함께 외국에서 물 건너온 동전이 무척 신기했다. 며칠 동안 동전을 주머니에 넣고 다니며 손으로 조몰락거렸다. 처음으로 일본과 접촉한 순간이었다. 일본은 나에게 프로레슬링 한일전 중계나 학교 역사 수업 덕분에 익숙했지만, 구체적 현실에서는 미지의 세계였다. 그런데 내 손 안에 들어온 동전은 접촉하고 느낄 수 있는 구체적인 일본이었다. 물성을 가진 것만이 줄 수 있는 오묘한 힘이 있었다.

나는 동전을 들고 상상의 나래를 폈다. 일본 어디서 왔을까? 어떻게 상자 안으로 숨어들었을까? 실수로 떨어뜨렸을까, 재미 삼아 넣었을까? 혹시 동전을 수집하는 일본 사람이 한국의 수집가를 위해 선물로 넣은 것은 아닐까? 정확한 경위야 알 수 없지만, 나는 잠시나마 이 동전을 통해 일본이라는 미지의 세계를 만났다. 훗날 세계사 교과서에서 일본 에도 막부가 나가사키 부두 한쪽에 축구장 2개 넓이의 인공 섬 '데지마(出島)'를 만들어 네덜란드와 교역 창구로 삼았다는 대목을 보고는 마치 그곳에 가 본 듯 친숙함을 느낄 정도였다. 물론 아직도 나가사키에서 개발된 감자 '대지마'와 인공 섬 '데지마'가 같은 것인지 정확히 알지 못한다.

수집 세계의 신비를 처음으로 귀띔해 준 그 일본 동전은 얼마 뒤 내 관심에서 멀어졌지만, 소중한 기억으로 남아 있다. 대수롭지 않을 수 있는 이 경험은 내 마음속에 수집가의 첫 씨앗을 심었다. 물성을 지닌 사물을 통해 미지의 세계를 만날 수 있다는 신비감은 수집 생활의 밑바탕이 되었다.

애 간 장 타 는
한 여 름 의
가 뭄

역시 처음을 찾는 일은 쉽지 않다. 생각하니 감자 상자에서 나온 일본 동전이나 양양 오산리 유적지에서 발견한 빗살무늬토기 파편을 최초의 수집품이라 하기에는 다소 망설여지는 부분이 있다. 왜냐하면 그것들은 우연히 나에게 왔기 때문이다. 보통 수집 행위는 컬렉터의 능동적이고 적극적인 수집 전략과 함께한다. 일본 동전과 빗살무늬토기 파편 발견은 내 수집 여정에서 이정표가 될 만한 소중한 경험이긴 하지만, 하나의 단발적 사건으로 그쳤다. 그런 우연한 만남이 수집 세계에 입문하는 계기는 될 수 있을지언정 본격적인 수집 생활의 시작이라고 하기에는 뭔가 부족하다.

나에게는 '역사적 가치'에 대해 눈뜨게 해 준 소중한 수집품이 있다. 역사 컬렉터로 성장하는 데 영감을 준 첫 수집품이다. 수집을 본격적으로 시작한 지 5년도 더 된 뒤에 수집했지만, 나에게 수집품의 가치에 대해 큰 깨달음을 주었다는 점에서 주저 없이 '최초'라는 타이틀을 헌정하고 싶다. 그것은 〈애간장 타는 한여름의 가뭄〉이라는 한글 가사˙다. 가로 133cm, 세로 26.2cm 크기의 두루마리

˙ 가사는 한마디로 '읊조리듯 부르는 긴 노래'다. 일반적으로 4음보의 율격으로 된 운문(韻文: 언어 문자 배열에 일정한 규칙을 주어 운율을 만든 글)이지만, 내용이나 길이에 특별한 제약은 없다. 고등학교 교과서에 실렸던 정철의 〈관동별곡〉이 대표적이다.

형식으로 되어 있다. 한지에 붓으로 쓴 필사본으로 작자를 알 수 없다. 글은 이렇게 시작된다.

> 저 구름에 비가 올까 이 구름에 비가 올까
>
> 억만창생 (수많은 백성) 애타게 하늘만 바라보네
>
> 사방 들판에 곡식 싹이란 (싹은) 모두 타 버려 붉은 땅이 되었고
>
> 날씨는 언제나 푸른 하늘 불볕만이 내려 쪼이네
>
> 밤새도록 부는 바람이 어찌 이리 사나울꼬
>
> 초조히 밤새워도 이슬 한 방울 내리지 않누나
>
> 빌고 빌고 또 비오니
>
> 하늘이시여! 이 백성을 굽어살피시옵소서
>
> 잠깐 사이 흡족히 비 내려 냇물 넘치게 하소서

현존하는 조선 후기 한글 가사의 대부분은 부녀자가 자기 한과 애환을 표현한 것이다. 시집살이의 고단함, 결혼해 시집으로 떠나는 딸에 대한 사랑, 친정에 대한 그리움 등이 담겨 있어 조선 후기 부녀자의 삶을 이해하는 데 도움이 된다. 그런데 한글 가사를 꽤 많이 본 나에게 가뭄의 애환을 노래한 한글 가사는 매우 생소하고 특이했다.

가뭄의 고통을 하늘에 호소하는 긴 가사는 "병자년 사월 오일"로 끝난다. 호기심이 생긴 나는 큰 가뭄이 있었던 병자년을 찾기 시작했다. 종이 재질로 보아 100년은 족히 넘어 보였다. 대략의 시간 범

누구에게나 처음은 있다

병자년 큰 가뭄을 맞은 조선의 한 농민이 기우제를 지내는 마음으로 쓴 한글 가사로 가로 133cm, 세로 26.2cm 크기다. 가사는 "애간장 타는 한여름의 가뭄"이라는 제목으로 시작해서 "병자년 사월 오일"로 끝맺는다.

위를 정하고 병자년을 찾으니 1756년, 1816년, 1876년 정도가 후보에 올랐다. 그리고 1876년 병자년에 가뭄이 무척 심했다는 사실을 알아냈다. 《조선왕조실록》〈1876년 병자년〉에서 '기우제(祈雨祭)'를 검색하니, 그해 음력 4~6월에 무려 40회 정도의 기우제가 거행되었다. 아, 4월 5일! 이 한글 가사를 쓴 4월 5일은 가뭄이 최정점일 때가 아니라 이제 막 가뭄이 시작될 즈음이었다. 가사를 쓴 농민의 애간장 타는 마음은 앞으로 두 달이나 이어질 것이었으므로 그들의 처지가 더 짠하게 느껴졌다.

병자년 큰 가뭄이 얼마나 참혹했는지 새로운 속담들이 만들어졌다. "병자년 까마귀 빈 뒷간 들여다보듯"은 어떤 일에 한 가닥 희망을 걸고 구차스럽게 여기저기 기웃거리거나 기다리는 모양을 표현한다. "병자년 방죽이다"는 '건방지다'를 달리 이르는 말이다. 1876년 병자년에 큰 가뭄으로 방죽(물이 밀려들어 오는 것을 막기 위해 쌓은 둑)이 말라붙어 건(乾) 방죽이라고 했는데, 그 발음이 '건방지다'와 비슷해서 생겼다. 까마귀가 '까먹다'와 발음이 비슷해서 건망증이 심한 사람을 "까마귀 고기 먹었냐?"라고 하는 것과 비슷한 언어유희로 보면 된다.

1876년 병자년은 한국사에서 매우 중요한 사건으로 기록된다. 병자수호조약 혹은 강화도조약으로 불리는 조일수호조규가 체결된 해다. 교과서에서는 이 조약을 중요하게 다룬다. 조약이 체결된 배경과 조약의 내용, 그리고 그 영향에 관해 설명한다. 하지만 병자년에 일어난 큰일 가운데 가뭄에 관한 내용은 없다. 나는 가뭄을 노래한 한글 가사를 통해 처음으로 병자년 큰 가뭄을 알았다. 한 번도 교과서나 개설서 등에서 이에 관한 내용을 본 적이 없다. 1876년 당대 민중에게 강화도조약의 영향은 닥쳐오지 않은 미지의 세계라면, 그해 가뭄은 당장 생존이 걸린 문제였다. 그들에게는 강화도조약보다 가뭄이 더 중요한 관심사였을 것이다.

강화도조약은 물론 중요한 사건이다. 하지만 1876년 조선에 강화도조약만 있었던 것은 아니다. 강화도조약에 가려진 수많은 일이 있었다. 따라서 내가 수집한 이 한글 가사 한 점은 강화도조약으로 가려진 개항 당시 민중 삶의 한 단면을 생생하게 보여 준다는 점에서 의미가 있다. 만약 이런 자료가 없었다면 1876년은 강화도조약으로만 기억될 것이다. 가뭄의 고통을 노래한 이 병자년 한글 가사는 내가 교과서를 통해 배운 역사 지식이 얼마나 엉성한지, 또 얼마나 피상적인지를 깨우친 최초의 수집품이다.

벽 걸 이   텔 레 비 전
대 신
그 림   한   점

　그림, 조각, 사진 등 다양한 형태의 예술 작품을 수집하는 사람을 흔히 '아트 컬렉터(Art Collector)'라고 부른다. 이들은 예술 작품 속에서 미적·문화적·경제적 가치를 찾으며 컬렉션을 형성한다. '인생에서 살아갈 만한 가치를 부여하는 어떤 것이 존재한다면 그것은 아름다움을 감상하는 일이다.' 플라톤이 남긴 말이다. 플라톤 말이 맞다면, 아트 컬렉터가 예술 작품 속에서 아름다움을 찾고 그것을 수집·감상하는 행위는 인생의 참다운 가치를 찾기 위한 노력일 수 있다.

　역사 컬렉터로서 내가 옛 자료들 속에서 역사적 의미를 찾는다면, 아트 컬렉터는 예술 작품 속에서 아름다움을 찾는다. 역사 컬렉터가 남겨진 자료 속에서 역사의 단서를 찾아내 그 시대와 대화한다면, 아트 컬렉터는 작품에서 발견한 미(美)의 바다에서 영감을 얻고 유영한다. 하지만 세상만사가 그렇듯 일도양단식으로 이 둘을 정확히 구분하기란 쉽지 않다. 수집하다 보면 그 경계가 불명확해지는 때가 종종 있다. 예를 들어 조선 후기 민화는 역사 자료이면서 예술 작품이다. 옛 떡살(떡을 눌러 갖가지 무늬를 찍어 내는 판)도 그렇다. 보통, 나무로 만드는 떡살은 조선시대 생활사의 한 영역일 뿐 아니라 그 자체로 아름다운 목공예품이다. 그래서 역사 컬렉터인

　　　　　누구에게나 처음은 있다

2004년 내가 처음 산 그림 중 하나가 김영택의 경복궁 영제교 천록(해치) 펜화다. 돌덩이
가 생명을 얻어 살아 움직이는 듯하다. 김영택 화백은 2021년 지병으로 별세했다. 종이
에 먹펜, 36×48cm, 2004년 작품.

나도 약간의 그림과 글씨, 조각품을 수집해 소장하고 있다.

그림 수집은 안목은 둘째치고 꽤 큰 비용이 들기 때문에 입문 자체가 녹록잖다. 10대 때부터 나는 좋은 그림이 인쇄된 달력을 오려 액자에 넣어 걸어 두거나 전시회 포스터를 모으는 것으로 그 욕구를 대신했다. 그러다가 대학 졸업 후 직장을 얻고 월급이 생기면서 원화(原畫), 곧 진짜 그림을 사고 싶었다. 그런데 사는 방법을 몰랐다. 어떤 그림이 좋은 것인지도 몰랐다.

직장 생활 10년을 조금 넘겼을 즈음 나는 새집에 입주하면서 아내와 상의했다. 아마 2004년도였을 것이다. 거실에 벽걸이 텔레비전을 설치하면 가족 간 대화가 줄어들 테니 그 돈으로 그림 몇 점을 사서 걸자고. 그림을 좋아하지는 않지만, 텔레비전 보기는 더 좋아하지 않는 아내는 흔쾌히 동의했다. 어디서 그림을 사는지도 모르던 그때, 목동 현대백화점 문화센터에서 그림을 전시해 놓고 파는 행사를 우연히 보게 되었다. 거기서 텔레비전 설치에 드는 비용 정도로 원하는 그림들을 살 수 있었다. 엄밀히 말하면 그림 수집이 아니라 그림 쇼핑에 가까웠다. 1,000만 원 정도의 예산에 맞춰 샀다. 그때 산 그림은 1988년 서울 올림픽 예술감독 이만익 화백의 10호 크기 그림 2점, 펜화가 김영택 화백의 경복궁 영제교 천록(해치) 펜화 1점, 황규백 화백의 메조틴트 판화 1점 등 4점이었다.

이렇게 나는 어수룩하게 그림 수집의 세계에 입문했다. 돈을 들여 그림을 산 뒤에 그림에 관해 관심이 커졌고, 그림에 관한 공부를 본격적으로 시작할 수 있었다. 그래서 지금은 시장에서 인기 있는 그림, 유명 화가들의 대략적인 그림 가격, 잘 팔리는 그림과 그렇지 않은 그림의 차이 등 기본적인 상식을 갖추고 있다.

이렇게 예술 작품을 수집하는 세계에 입문하는 통과의례는 바로 자기 돈으로 직접 사는 것이다. 싸든 비싸든 자기 돈으로 그림을 한 점 사는 것과 그렇지 않은 것에는 큰 차이가 있다. 그림을 사는 순간 미술은 관념의 세계에서 현실의 세계로 다가온다. 그때부터 미술은 천공을 떠도는 천사가 아니라, 내 주변을 배회하는 친구가 된다. 미술과 친구가 되는 순간부터 그에 관해 관심이 커지고 알기 위한 공부가 시작된다. 한 걸음 더 나아가 인생에서 살 만한 가치를 찾아가는 새로운 여정을 시작할 수 있다.

아내가
폭우를 맞으며
갤러리에 간 이유

사람들은 박수근과 김환기의 그림이 몇십억 원에 팔렸다는 뉴스가 나오면 지나치게 비싸다고 말한다. 심지어 미쳤다고 한다. 나도 한때는 그랬다. 그러나 지금은 그렇게 생각하지 않는다.

안중근 의사의 붓글씨는 10~15억 원에 거래된다. 박수근의 그림도 10억 원 이상, 때로는 몇십억 원에 이른다. 강남 아파트 한 채 값이다. 한국 최고의 현대 화가 그림 값이 강남 아파트 한 채 정도라면 결코 비싼 게 아니다. 최고의 예술가에 대한 평가나 대우치고는 그리 높지 않다. 미국이나 유럽 등에서 최고 예술가들의 작품은 경매에서 수백억 원에 낙찰된다. 심지어 1,000억 원 가까이에 낙찰될 때도 있다. 그러므로 한국에서 최고 화가들의 그림 값은 분명히 더 오를 것이다.

빈말이 아니다. 김환기의 작품이 2018년 서울옥션 홍콩 경매에서 85억 원이 넘는 가격에 낙찰되더니, 이듬해 2019년 홍콩 크리스티 경매에서 〈우주 05-IV #200〉(1971)은 한국 미술품 경매 사상 최고가에 팔렸다. 낙찰가는 약 132억 원(8,800만 홍콩달러)이었다. 구매 수수료를 포함해 약 153억 5,000만 원. 드디어 낙찰가 기준 100억 원을 넘는 기록이 최초로 나왔다. 이는 끝이 아니라 시작일 것이다.

나는 박수근의 그림을 한 점 갖고 있다. 진품이 아니라 500개 한

박수근 화백의 〈아이 업은 소녀〉를 복제한 작품이다. 박수근은 김환기, 이중섭과 함께 한
국에서 가장 인기 있는 현대 화가다. 집 거실에 걸려 있어 매일 보게 되는 이 그림은 의미
있는 그림이 때로는 비싼 그림보다 더 좋을 수 있다는 사실을 알려 준다.

정으로 복제해 만든 작품으로 에디션 넘버는 317번이다. 나에게 이 작품은 진품보다 더 소중한 가치가 있다. 가족사와 관련한 특별한 사연이 있기 때문이다. 그 사연에 관해서는 언젠가 아내가 쓴 글을 옮기는 편이 낫겠다.

딸아이가 11개월쯤이었을 때 미술을 좋아하는 남편과 호암갤러리에 박수근 그림 전시회를 갔다. 기념품 매장에서 박수근 그림 중에 남편이 좋아하는 〈아이 업은 소녀〉 복제품을 판매하고 있었는데, 그 시절 남편 월급은 70만 원 내외, 판화 가격은 15만 원이었다. 우리 부부는 그냥 보기만 하고 나왔다.

아쉬워하는 남편 표정이 집으로 돌아와 저녁밥을 하는 내내, 잠자리에 들어서도 지워지지 않아 다음날 아이를 업고 갤러리로 향했다. 지하철역을 나오니 비가 세차게 내렸다. 소나기와 바람에 우산을 썼는데도 아이와 나는 어깨 위를 빼고 온몸에 비를 맞았다. 그림을 사야겠다는 생각뿐이어서 그런지 그날이 월요일이란 걸 챙기지 못했다. 갤러리는 휴관이라 문이 닫혀 있었다.

나는 갤러리 문을 두드렸다. 관리인 아저씨가 나와서 휴관일이라 입장할 수 없다고 했다.

"아! 어떡하지? 멀리 김포공항 쪽에서 왔는데…."

난감해진 나는 혼잣말로 중얼거렸다. 그 당시 우리는 강서구 발산동에 살았다. 내가 경상도 사투리로 말하니 관리인 아저씨는 우리 모녀가 김해에서 비행기 타고 온 줄 착각하신 것 같았다. 위층 사무실 직원한테 전화 통화하는 내용을 들어 보니 그랬다.

비를 맞은 채 아이를 업고 서 있는 모습에 우리 모녀가 안타깝고 간절해 보였는지 "원래 이렇게 판매하면 안 되는데…"라면서 직원이 내려와서 고맙게도 갤러리 매장 문을 열어 주고 불을 켜고 그림을 건네 주었다. 우리 모녀는 그렇게 남편이자 아빠가 갖고 싶었던 그림을 깜짝 선물할 수 있었다.

남편은 그림을 보고 무척 좋아했다. 건강하게 잘 자라 지금은 의과대학에 다니는 딸아이는 언제부터 있었는지 모를 저 그림의 사연을 아직 모른다. 언젠가 들려주겠지? 있는 듯 없는 듯 익숙하게 걸려 있는 그림에 대한 사연을 알고 나면 딸아이의 감정은 어떨까? 따뜻한 심성을 가지고 사람을 사랑하는 의사가 되기를 나는 늘 기도한다.

아내가 아이를 업고 전시회를 찾아간 날이 정확히 언제였는지 궁금해서 검색해 봤다. 호암갤러리에서 박수근 전시회가 열린 것은 1999년 7월 16일~9월 19일이었다. 그 기간에 휴관일인 월요일이 총 아홉 번이었는데 그중 서울에 엄청나게 비가 많이 온 날은 8월 2일이었다. 그날 태풍 '올가'가 북상하면서 서울에 200mm 정도의 비가 내렸고, 경기 북부와 강원도에 500mm 이상의 폭우가 내렸다. 폭우 속으로 아내는 아기를 둘러업고 길을 나섰다. 오로지 남편이 갖고 싶어 한 '복제품 그림'을 사기 위해 번거로움을 감수했다.

공교롭게도 그림 제목이 〈아이 업은 소녀〉다. 마치 남편에게 그림을 깜짝 선물하려고 폭우 속에 길을 나선 아내와 딸의 모습이 그림에 박제되어 있는 듯하다. 이런 사연 덕분에 이 그림은 진품보다 더 값진 명품이 되어 우리집 거실에 걸려 있다. 진정 가치 있는 그림은 수십억 원, 수백억 원 나가는 것이 아니라, 우리에게 소중한 의미와 감동을 주는 것이라는 사실을 당당히 증명하며.

본 격 적 으 로
수 집 을
시 작 하 다

나는 1993년부터 학생들을 가르치기 시작했다. 명덕외고에 부임하면서 시작된 교직 생활에서 가장 열정을 쏟은 것은 문화사 수업이었다. 직접 현장을 답사하면서 촬영하거나 값비싼 도록을 사서 한 장 한 장 슬라이드 필름을 만들었다. 당시 월급의 절반 정도를 여기에 썼을 것이다. 환등기도 내 월급으로 샀다.

이렇게 만든 슬라이드 필름으로 궁궐, 고구려 벽화, 도자기, 민화, 석탑과 불상, 김홍도와 신윤복의 풍속화, 장승 등 한국의 문화를 주제별로 가르쳤다. 학생들의 반응은 뜨거웠다. 판서하며 수업하던 보통의 방식에 비해서 슬라이드 수업은 당시로서는 최첨단이었다. 슬라이드 사진을 통해 학생들이 접하기 힘든 유물과 문화의 세계로 그들을 이끌었다.

그런데 이 슬라이드 수업은 7년 만에 종언을 고할 수밖에 없었다. 당시 학내 문제로 재단 측과 교사 사이에 갈등이 생기면서 여러 교사가 학교를 떠나게 되었다. 나 역시 학교를 그만둘 생각이었다. 딱히 계획이 있었던 건 아니다. 친한 동료 교사 허순용 선생과 자주 '학교를 그만두면 우리가 무엇을 할 수 있을까?'를 이야기했다. 신문 배달도 생각했다. 돌아보면 우리는 참으로 무모하고 낭만적이었다. 다른 학교로 옮길 생각을 왜 못했는지 모르겠다. 허 선생은 책을 좋아해서, 1999년 당시 창업 초기이던 온라인 서점 예스24에 취직해 먼저 학교를 떠났다. 내 고민은 깊어졌다.

궁하면 통한다고 했던가. 마침 입시학원인 강남대성학원에서 강사 섭외가 왔다. 재원하는 재수생들을 대상으로 소위 '우수 교사'를 정기적으로 조사하던 중 명덕외고 출신의 학생들이 내 이름을 종종 언급한 모양이다. 그래서 사교육 시장에 전혀 어울릴 것 같지 않은 내가 2000년부터 강남대성학원에서 재수생을 가르치는 강사 생활을 시작했다.

입시학원 강사로서 부닥친 첫 고민은 재수생 상대로 슬라이드 수업을 할 수 없는 조건에서 그것을 무엇으로 메꿀 수 있을까였다. 그래서 찾은 해법이 실제 역사 자료를 수업 시간에 학생들에게 보여 주는 것이었다. 처음에는 유물이 크게 실린 도록 등을 들고 갔고, 그다음에는 경매로 수집한 자료를 하나둘씩 보여 주었다. 예를 들어 조선시대 과거제도를 다루는 시간에는 실제 과거 시험 답안지나 백패, 홍패* 등의 합격증을 보여 주었고, 조선시대 신분제도를 가르치는 시간에는 호패를 보여 주며 그 시대 사람들을 소개했다. 홍선대원군을 가르치는 시간에는 당백전을 가져가서 경복궁 중건에 관해 설명했고, 한말 의병을 가르칠 때는 프레더릭 매켄지가 쓴 《The Tragedy Of Korea(한국의 비극)》속 의병 사진을 보여

● 백패는 조선시대 소과에 합격해 생원이나 진사가 된 사람에게 준 합격 증서로 그 색이 흰색이라 백패라 한다. 홍패는 대과에 합격한 사람에게 주는 합격 증서로 붉은색을 띤 용지로 만들어서 홍패라 한다.

주며 매켄지가 의병과 한 인터뷰 내용을 읽어 주었다. 1919년 3·1 운동을 다룰 때는 〈독립선언서〉 필사본을 펼쳐 보이며 설명하기도 했다.

신기한 자료들을 보고 학생들은 수업에 더 집중했고, 나는 학생들의 그런 반응이 좋았다. 어떤 학생은 〈TV쇼 진품명품〉을 보는 것 같다고 했고, 옛 역사 자료를 보는 낙으로 재수 생활을 버틴다는 학생도 있었다. 새로운 별명도 생겼다. 짓궂은 학생들은 나를 "도굴꾼"이라 불렀고, 귀여운 학생들은 과거와 미래를 오가는 애니메이션 캐릭터 "도라에몽"이라 불렀다. 이도 저도 아닌 학생들은 그냥 "박물관"이라 불렀다. 수업하러 강의실에 가면 교실 출입문을 막고 서서는 오늘은 뭐 보여 줄 거냐며 관심을 보이는 열혈 학생들도 있었다.

나는 꼭 지관 통이나 누런색 종이봉투에 유물을 넣어 가는 일종의 신비주의로 그들의 조바심과 관심을 자극했다. 특히 지관 통에 대한 학생들의 관심은 무척 컸다. 보통 미술이나 건축 하는 사람들이 쓰는 도구라 학생들에게는 신기했던 모양이다. 그래서 그 속에 뭐가 있냐는 학생들에게 "이 속에는 너희들이 졸면 바로 쏠 수 있는 화살이 들어 있지"라고 농담하면, 그게 뭐가 재밌다고 깔깔깔 웃곤 했다.

칭찬은 고래도 춤추게 한다지만 역사 컬렉터도 춤추게 한다. 학생들의 반응에 고무된 나는 한 시간의 수업에 적어도 3개 정도의 실물 자료를 보여 주겠다는 거창한 계획을 세웠다. 본격적인 수집 활동이 시작되었다.

2

생계형

컬렉터가

사는 법

수 집 의   즐 거 움 이
궁 핍 함 을
이 긴 다

이 세계에는 지치고 상처받은 영혼이 쉬며 치유 받고 꿈꾸며 상상할 수 있는 자유가 있다. 또 궁핍한 삶의 괴로움을 마다하지 않고 오직 아름다움을 사랑하며 몰입하는 인간의 순수함이 자리한다. 컬렉션의 세계는 바로 그런 곳이다.•

경제학자이면서 고미술에 매혹된 김치호 컬렉터의 말이다. 그는 컬렉터가 겪는 궁핍한 삶의 괴로움을 순수하고 숭고한 세계로 승화하고 있다. 큰 위안을 준다.

"수집하려면 돈이 많이 들지 않습니까?"

"수집은 부자들이나 할 수 있는 취미 아닙니까?"

컬렉터에게 늘 따라다니는 질문이다. 반은 맞고 반은 틀리다. 수집에 큰 비용이 들어가는 건 맞다. 누군가가 귀한 자료를 거저 주지는 않을 것이고 길 가다 우연히 줍기는 더더욱 어렵다. 그렇다고 수집이 부자들만 할 수 있는 특별하고 고급스러운 취미는 아니다.

돈 없이도 수집한다? 잘 이해가 안 될 것이다. 수집은 누구나 할 수 있다. 주변에 생각보다 많은 수집가가 활동하는 것을 보면 알 수

• 김치호,《오래된 아름다움》, 아트북스, 2016, 17쪽.

생계형 컬렉터가 사는 법

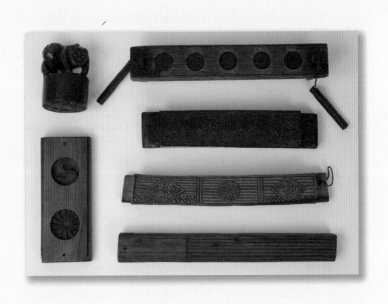

내가 소장하고 있는 다식판과 떡살이다. 상당수가 떡살 수집가 김길성 컬렉터로부터 구매한 것이다. 왼쪽 위의 떡살만 내가 따로 수집했는데, 호랑이 모양으로 만든 손잡이가 재미있다. 원형으로 된 이 떡살에는 "福(복)"이라는 글자가 새겨져 있다.

있다. 자기 경제력이 허용하는 범위에서 모두 컬렉터가 될 수 있다는 뜻이다. 컬렉터의 가장 중요한 조건은 관심과 열정이지 경제력이 아니다. 경제력이 충분하지 않다면 용돈을 최대한 줄여서 수집하면 된다. 나 역시 생활비를 아끼고 아끼면서 오랫동안 자료를 수집했다. 그러면 당장은 티가 나지 않지만, 한 해 두 해 시간이 쌓이면서 컬렉션이라고 부를 만한 모습을 갖춘다. 결국 컬렉션을 완성해 가는 것은 돈이 아니라 세월의 힘이다.

그렇게 만들어진 컬렉션은 재벌가 삼성의 리움미술관이나 전형필의 간송미술관에 비할 수야 없지만 수집가에게는 그 무엇과도 바꿀 수 없이 소중한 우주다. 수집가는 규모와 상관없이 자신만의 컬렉션을 만들 수 있다. 컬렉션은 결코 완성된 형태로 주어지지 않는다. 컬렉터 자신의 노력으로 끊임없이 만들어 가는 과정이다. 그리고 그 과정 자체를 즐길 줄 아는 사람이 진정한 컬렉터다. 그러므로 궁핍은 괴로움만을 뜻하지 않는다. 오히려 수집에 적절한 긴장감을 줄 뿐 아니라, 어렵게 수집한 만큼의 애틋함을 수집품에 보탠다.

부산에서 떡살 수집가로 유명한 김길성 컬렉터를 직접 만난 적은 없지만, 그의 떡살을 몇 점 산 인연으로 알고 지내는 사이다. 그는 2014년 〈중앙일보〉와 인터뷰[*]에서 "컬렉터의 세 가지 처절함"을 이렇게 이야기한다. "첫째, 물건을 수집하느라 돈을 다 써 버려 가진 돈이 없어요. 그래서 처절하고. 둘째, 가족들에게 저 좋은 일

• "천 개의 떡살로 남은 사내", 〈중앙일보〉 2014.7.18.

생계형 컬렉터가 사는 법

만 하는 이기적 인간으로 취급받아 고개를 들 수가 없어요. 그래서 처절하고. 셋째, 오래 수집에 몰두하다 보면 대개는 전문적 지식과 식견을 갖게 돼요. 그래도 사회적으로는 얼치기 취급을 받거든요. 논문 쓰고 학위 따서 대학에서 강의하는 학자의 말은 공신력이 있지만 우리 말은 잘 안 믿어 주니 그것도 처절하지요." 이런 처절함 속에서도 컬렉터가 수집을 멈추지 못하는 이유는 뭘까? 궁핍한 생활의 괴로움보다 수집의 즐거움이 훨씬 강렬하기 때문이다. 수집하고 싶은 마음이 곤궁함을 이긴다.

김길성 컬렉터가 이어서 하는 말은 그 즐거움이 어떤 것인지 잘 보여 준다. 수집의 참맛을 즐기는 사람만이 이해할 수 있는 뿌듯함이다. "어디서 떡살 하나를 구하면 가방에 넣지 않고 품 안에 품고 오지요. 차 안에서도 못 참고 꺼내서 들여다보고, 밤중에도 자다 깨서 쓰다듬고. 사람을 그만큼 아꼈으면 진작에 일났을 겁니다." 이렇게 컬렉터는 수집만하는 사람이 아니다. 수집 속에서 의미와 가치, 아름다움을 찾는다. 그래서 필요하다면 수집한 자료를 팔기도 하고 바꾸기도 하면서 끊임없이 컬렉션을 재구성한다. 컬렉터는 탐미주의자에 가깝다.

컬렉터는 빈 땅을 일구어 자기 꽃밭을 만드는 정원사와 같다. 하나의 완성된 생태계를 위해서 이쪽 나무를 저쪽으로 옮기고, 새로운 수종을 사서 심고, 전혀 어울리지 못하는 나무를 베기도 한다. 그렇게 땀 흘리고, 가지 치고, 물 주고, 잡초 뽑으며 자기가 꿈꾸는 대로 정원을 디자인한다. 처음 모양이 어설프고 보잘것없을지라도

끊임없이 사랑을 쏟고 가꾸고 노력하다 보면, 어느덧 최고의 정원
이 만들어져 있는 것이다.

생계형 컬렉터가 사는 법

컬 렉 터 의
속 내

"컬렉터라고 부를 수 있는 조건이 있을까요?"

이 질문도 자주 받는다. 정해진 기준이나 조건은 따로 없다. 좋아하는 물건이 있어서 주제를 정해 수집하면 컬렉터라 부를 수 있다. 자신의 경제적 여건에 따라 아기자기한 수집에서부터 방대한 수집까지 다양한 컬렉션이 있을 수 있다.

컬렉터는 기본적으로 수집에 대한 열정이 있어야 한다. 이 열정이 컬렉터를 살아 숨 쉬게 한다. 컬렉터에게 열정은 호기심의 발로이자 생명의 원천이다. 그런데 그 열정을 잔인하게 가로막는 현실적 제약이 있으니 바로 재정 상황이다. 컬렉터들은 보통 재정 한도 안에서 수집한다. 아무리 좋은 물건이라도 돈이 없으면 눈물을 삼키며 포기할 수밖에 없다. 그런데 꼭 수집하고 싶은 물건을 발견할 때가 있다. 그것이 10년간 위시 리스트(wish list)에 담긴 물건이라면? 그것이 내 컬렉션을 완성할 수 있는 마지막 퍼즐 같은 특별한 물건이라면? 고민이 깊을 수밖에 없다. 어떻게 할 것인가?

나에게도 그런 경험이 있다. 크리스마스실(Christmas Seal) 수집 과정에서 겪은 일이다. 스물다섯 살의 로제타 홀은 연인 제임스 윌리엄과 함께 1890년대에 의료 선교를 위해 조선에 첫발을 디뎠다. 둘 사이에서 태어난 아들 셔우드 홀과 그의 아내 매리엄 버텀리도

의료 선교에 평생 사역했다. 셔우드 홀은 결핵 퇴치를 위해 황해도 해주에 구세요양원을 세우고 재원을 마련하기 위해 1932년에 식민지 조선에서 크리스마스실을 처음 발행했다.

그런데 매년 이어지던 크리스마스실 발행이 1940년 일제의 탄압으로 중단되고 말았다. 일제는 실의 디자인을 문제 삼았다. 첫째, 실에 등장하는 아이들이 입은 옷이 조선 옷이라는 점, 둘째, 배경에 있는 산이 '20m 이상의 건물이나 시설을 그리거나 사진 찍어서는 안 된다'는 보안 규정을 위반했다는 점, 셋째, 실에 일본 소화 연호나 황기가 아니라 서기를 사용했다는 점이었다. 실은 전량 압수 폐기되었고, 셔우드 홀은 디자인을 일부 수정해 재발행했다. 산이 작아 보이도록 산 앞에 대문을 그리고, 서기를 처음 실이 발행된 1932년을 기준으로 아홉 번째 발행한다는 뜻의 "NINTH YEAR"로 바꾸었다. 이런 이유로 1940년 크리스마스실은 '대문 없는' 실과 '대문 있는' 실, 두 종류가 있다.

대문 있는 실은 꽤 남아 있어 몇만 원 수준에서 쉽게 구할 수 있으나, 대문 없는 실은 알려진 바로는 전 세계에 55매 정도만 남아 있다. 일본 헌병이 셔우드 홀의 집을 덮쳐 압수할 때 요행히 살아남은 것들이다.

나는 대문 없는 실을 꼭 소장하고 싶었다. 이 실 속에 셔우드 홀 가족의 헌신적 인류애가 담겨 있다고 생각하니 마치 성스러운 물건처럼 여겨졌다. 그런데 대문 없는 실은 귀한 만큼 경매에 나오는 일이 드물어 수집이 쉽지 않았다. 경매 기록을 보니 보통 200~300

1940년 처음 발행된 크리스마스실로 높은 산을 배경으로 선 남매와 "1940-1941"이라는 서기 연호가 보인다(왼쪽). 일제의 강압으로 새로 발행한 실로, 남매 뒤에 문을 그려 넣고 서기 연호 대신 "NINTH YEAR"를 썼다(오른쪽). 두 그림 모두 영국 화가 엘리자베스 키스(Elizabeth Keith, 1887~1956)가 그렸다. 3·1운동이 한창이던 1919년 3월 말에 식민지 조선을 처음 방문한 이래 그녀는 당시 조선의 일상생활을 그려 서양에 알렸다. 남긴 책으로 《Eastern Windows》, 《Old Korea: the Land of Morning Calm》 등이 있다.

만 원 정도였다.

2021년 6월 미국 이베이 경매에 드디어 대문 없는 실이 나타났다. 시작가는 1,000달러였다. 나는 무엇에 홀린 듯 입찰에 참여해 7명이 경쟁한 끝에 낙찰받았다. 낙찰가는 1,810달러. 문제는 배송비를 포함해 한화로 250만 원 정도가 당장 필요한데 수중에 돈이 없었다. 비상금이 조금 있었지만, 그걸로는 감당할 수 없었다. 결국 내 선택은 대출이었다. 오래전 가입한 우체국 보험을 담보로 대출할 수 있다는 사실을 알고 있던 터라 아내 몰래 대출받아 입금했다. 보름 뒤 대문 없는 크리스마스실이 한국에 도착했다. 포장을 뜯고 실을 손에 쥐었을 때 느낌은 여느 수집품과 달랐다. 너무나 가지고 싶었기 때문이다.

이 실은 미국 일리노이주 올랜드 파크에서 왔는데 원 소장자는 이름으로 보아 러시아계 미국인 같았다. 그는 이 실의 의미를 아는지, 실이 원래 나라로 돌아가게 되어 기쁘다는 메모를 넣어 보냈다. 곧바로 나는 실과 작은 꽃다발을 들고 양화진외국인선교사묘원에 가서 셔우드 홀 가족에게 참배했다. 이렇게 어렵게 수집한 크리스마스실을 나는 유난히 아낀다. 역사적 의미도 그렇지만, 절실함과 간절함이 함께 담겨 있기 때문이다.

이런 경험 때문이었을 것이다. 나는 진정한 컬렉터의 조건이 뭐냐는 질문에 공식적으로는 "곤궁함을 이길 수 있는 열정을 가진 사람"이라고 답한다. 하지만 속으로는 늘 다른 답변을 되뇐다.

'대출을 해서라도 수집해 본 경험을 한 번쯤은 가진 사람이죠.'

박 물 관 으 로
떠 나 보 낸
내 수 집 품

"이 자료는 내가 원래 가지고 있었는데 박물관에 팔아 버려서 지금은 보여 줄 수가 없어 아쉽네."

수업하다가 이렇게 말하면 학생들은 농담으로 받아들인다. 박물관에 자료를 판다고? 사실이라고 말해도 믿지 않는 분위기다.

박물관이 유물이나 사료를 획득하는 방법에는 어떤 것들이 있을까? 첫째, 기증이다. 평생 수집한 유물이나 자료를 흔쾌히 기증하는 것은 매우 아름다운 일이다. 컬렉터에게는 자기 생명 한 자락을 떼 주는 것과 같아서 결단이 필요하다. 기증받은 박물관은 이런 뜻을 기리기 위해 기증자의 이름을 박물관의 특정 공간에 새긴다. 여러 박물관이나 기념관에 있는 '기증자의 벽(Donation Wall)'이 그런 곳이다. 기증자가 맡긴 자료가 수준이 높고 수량이 많으면 아예 따로 전시 공간을 마련하기도 한다. 국립중앙박물관에 있었던 박병래 기증실, 이홍근 기증실이 좋은 예다.

둘째, 위탁이다. 소유권을 위탁자가 가지되 자료의 보관과 관리, 전시를 박물관이 맡는 방법이다. 손창근 옹이 2020년 국립중앙박물관에 기증한 추사 김정희의 〈세한도(歲寒圖)〉는 2018년부터 2년 동안 위탁 형식으로 맡겨졌다.

셋째, 구매다. 기증이나 위탁만으로 박물관을 채울 수 없으므로 박물관은 상당량의 유물을 경매나 "공개구입"으로 사들인다. 오래된 박물관도 그렇지만, 특히 신설 박물관은 유물 대부분을 사서 채울 수밖에 없다. 박물관은 정기적으로 유물 "공개구입" 공고를 홈페이지나 신문에 낸다. 유물을 사기 위해 매년 일정한 예산을 책정한다. 그러므로 소장자는 역사 자료나 유물을 언제든지 박물관에 팔 수 있다. 물론 그 자료가 박물관이 원하는 수준의 가치를 지녀야 하는 건 기본이다.

내 수집은 처음부터 수업 시간에 보여 주기 위한 목적이었다. 수집의 주요 대상은 수업 시간에 보여 줄 수 있고 학생들의 관심과 흥미를 유발할 수 있는 자료였다. 아무리 훌륭한 자료라도 수업 내용과 관련이 없으면 관심 밖이었다. 그래서 수집품을 판다는 생각을 해 본 적이 없었다. 그렇게 5년이 지나고, 10년이 지나고, 15년이 지났다.

살다 보면 큰돈이 필요한 일이 생기기 마련이다. 마침 그때 새로 생기는 대한민국역사박물관에서 유물을 구매한다는 신문 공고를 봤다. 2012년 이명박 정부 마지막 해였다. 살림이 넉넉지 못한 생계형 컬렉터는 결국 자료 일부를 매도하기로 결심했다. 오래된 종이 쪼가리를 수집하는 것이 아무 의미 없이 돈을 탕진하는 짓이 아님을 아내에게 보여 주고 싶기도 했다. 내가 관리하기 힘들거나 비슷한 것이 두 개 이상 있는 자료, 수업 시간에 활용하기 힘든 자료, 내가 가지고 있는 것보다 박물관에 가는 게 낫다고 생각한 자료를 중심으로 선별하기 시작했다. 며칠이 걸렸다.

자료 선별이 끝나면 박물관이 정한 양식에 따라 자료매도신청서와 매도대상자료명세서를 작성해야 한다. 매도하고자 하는 자료의 이름과 수량, 크기, 시대, 소장 경위, 내용, 요구액 등을 적고 사진 자료를 첨부하는데, 자료가 수백 점에 달하다 보니 작성하는 데 다시 며칠이 걸렸다. 그래도 힘듦보다 기쁨이 앞섰다. 판다는 기대보다 그동안 수집한 자료들을 다시 살피며 정해진 형식에 맞춰 정리하는 즐거움 때문이었다. 명절에 자식들에게 새 옷을 사 입힐 때의 뿌듯함 같은 것이랄까. 그 기쁨 이면에는 입양 보내는 자식처럼 미안하고 애틋한 마음도 자리했다.

명세서와 신청서 작성이 끝나면 이를 이메일로 박물관에 접수한다. 물론 우편으로 접수할 수도 있다. 박물관은 마감일까지 접수된 서류들을 검토한다. 구매할 만한 자료를 1차로 거르는 작업으로, 일종의 서류심사다. 이렇게 1차로 선정된 자료의 소장자에게 박물관은 실물 접수 대상을 통지하고, 소장자는 정해진 시간에 실물을 챙겨 박물관에 가서 자료를 접수하고 접수증을 받는다. 그 뒤 박물관에서는 자료구입평가위원회 및 자료구입심의위원회 회의를 열어 실물 자료를 평가하고 심의해 최종 구매 여부와 구매 가격을 결정한다. 이 결정 내용을 놓고 매도 희망자와 박물관은 전화로 이견을 조율한다. 매도자는 박물관이 제시하는 희망 가격을 보고 최종 매도 여부를 결정해야 한다. 박물관이 제시하는 가격에 팔겠다고 하면 최종 매도가 결정되고, 자신이 생각하는 가격과 차이가 나서 그 가격에 팔지 않겠다고 하면 매도가 무산된다.

매도에 대한 최종 결론이 난 다음 마지막으로 박물관을 방문한다. 매도가 결정된 자료에 대한 매도 계약서를 작성하고, 매도가 성사되지 않은 자료를 돌려받기 위해서다. 매도 계약서에 서명하고 박물관을 나설 때의 심정은 말로 설명하기 힘들 정도로 서운하다. 수업 자료에서 박물관 유물로 신분이 바뀐 정든 수집품에 이별을 고해야 하기 때문이다. 이로써 몇 달간 이어진 매도 과정이 완결된다.

얼마 뒤 매도한 자료에 대한 돈이 통장 계좌로 입금되었다. 대략 새 차 한 대 값 정도였다. 이 일 뒤로 내 자료 수집에 대한 아내의 잔소리가 뚜렷이 줄어들었음은 물론이다.

그때 매도한 자료 수백 점 가운데 해방 직후 수십 장의 찬탁·반탁 전단들, 1909년 소위 '남한대토벌작전' 직후 일제가 만든 기념 사진첩, 대한민국임시정부 관련 자료들, 해방 직후 서북청년단이 제작한 '반공' 글귀가 선명히 적힌 태극기, 한국전쟁 중 미군이 제작한 포스터, 한국전쟁 중 미군이 발행한 야간통행 허가증, 1956년 5·15 정부통령선거(제3대 대통령, 제4대 부통령 선거) 당시 민주당 선거 포스터, 1986년 보도지침을 폭로한 《말》 특집호 등이 기억에 남는다.

2013년 대한민국역사박물관이 개관한 직후 관람차 박물관을 찾았다. 얼마 전 매도한 자료들이 전시실 곳곳에서 나를 맞이했다. 반가운 자료들을 보면서 나는 마음속으로 이렇게 중얼거렸다.

'박동기* 씨, 그동안 안녕하셨습니까?'

● 박동기는 내가 박물관에 매도한 한국전쟁 중 야간통행 허가증의 주인공이다. 그는 한국전쟁 때 부산에 주둔한 미 육군 병기대대 수송부에서 근무한 22세 청년이었다.

1956년 5·15정부통령선거 당시의 민주당 선거 포스터로 2012년 내가 대한민국역사박물관에 매도한 물품 중 하나다. 이 선거에서 민주당이 내건 "못살겠다 갈아보자!"라는 구호는 당시 유권자들에게 큰 인기를 끌었다. 집권 자유당은 이에 "갈아봤자 더 못산다"라는 구호로 대응했다.

'이철, 강구철, 유인태[*] 씨, 아직도 현상 수배 중이십니까?'

'이제는 너희들이 유리창 안에 갇혀 있어 볼 수는 있되 만질 수는 없구나. 사물이라고 하지만 이것도 인연이라면 인연 아니겠는가. 너희들이 우연히 나에게 와서 그리 허투루 대접받다가 이제는 좋은 데 입양 갔으니 많은 사람 앞에서 당당하게 너의 의미를 뽐내거라. 보고 싶으면 또 오마.'

찬찬히 박물관을 둘러본 뒤 생계형 컬렉터는 이제 저 자료들이 나만의 자료가 아니라 공공의 역사 자료가 되었음을 위안 삼으며 터벅터벅 박물관을 걸어 나왔다.

---

* 이철, 강구철, 유인태는 내가 박물관에 매도한 대통령긴급조치 4호 위반 피의자 현상 수배 전단 속에 사진과 함께 소개된 인물들이다. 1974년 제작된 이 전단에는 신고자에게 현상금 200만 원을 지급하겠다는 내용이 있다. 당시 간첩 신고 현상금이 30만 원이었다는 점을 고려하면, 유신 정권이 긴급조치 위반자를 얼마나 위험하게 여겼는지를 짐작할 수 있다.

생계형 컬렉터가 사는 법

김소월이 사 준 밥
김환기가 따라 준 술

조선시대 최고의 독서광은 누구일까? 조선 후기 정희교·정윤 부자를 빼놓을 수 없다. 유재건이 쓴 《이향견문록(里鄉見聞錄)》에 이 부자의 이야기가 실려 있다. 내용은 대강 이렇다.

정희교는 일찍 아내를 잃고 아들 정윤과 함께 살았다. 부자는 속리산 기슭에 숨어 살면서 늙어 죽을 때까지 산에서 나오지 않았다. 그들은 책을 지극히 사랑해서 집에 1,000여 권의 책을 쌓아 두었다. 사람 사는 공간보다 책이 차지한 공간이 두 배나 되었다. 정윤이 어릴 때 어떤 사람이 정희교에게, 책을 팔아 아들을 장가보내길 권했다. 그러자 정희교는 손을 내저으며 "그만두시오. 나는 차라리 자손이 없는 것은 괜찮지만, 이 책이 없어서는 안 되오"라고 말했다. 그 뒤 정윤은 결혼하지 않고 홀로 아버지를 봉양하며 살았다. 정윤도 아버지처럼 책을 좋아해서 밭 갈고, 나무하고, 고기 잡을 때 반드시 책을 휴대했으며, 밤에는 섶(잎나무, 풋나무, 물거리 따위의 땔나무)으로 불을 밝혀 책을 읽었다. 여든 살쯤에 아버지가 돌아가셨는데 정윤은 아버지를 위해 책을 모두 순장했다. 죽어서도 책을 보시라는 지극한 마음이었다. 10여 년 뒤 정윤은 죽으면서 조카들과 생질들에게 아버지의 무덤 곁에 묻어 달라고 유언했다. 책과 함께 두 부자가 함께 묻힌 것이다.

비슷한 시기에 정희교 부자 못지않게 책을 사랑한 사람이 있었다. 바로 이덕무다. 이덕무 역시 지독한 독서광이었다. 그는 남들이 욕해도 따지지 않고 칭찬해도 우쭐하지 않았으며, 오직 책 보는 것을 낙으로 삼아서 추위와 더위, 굶주림과 병에도 전혀 아랑곳하지 않았다. 그는 어릴 때부터 시작해 스물한 살이 되도록 하루도 손에서 책을 놓지 않았다. 이덕무의 방은 매우 좁았지만, 동쪽에도 창이 있고 남쪽에도 창이 있고 서쪽에도 창이 있어 동쪽에서 떠서 서쪽으로 기우는 해를 쫓아가며 햇볕 아래에서 책을 읽었다. 사람들은 그를 간서치(看書痴), 곧 '책만 보는 바보'라고 손가락질했다. 이덕무는 그 별명을 기쁘게 받아들였다. 그가 얼마나 책을 좋아했는지는 그가 사망한 후 박지원이 쓴 행장(行狀; 죽은 사람이 평생 살아온 일을 적은 글)에 잘 드러난다.

(이덕무는) 책 하나를 얻으면 반드시 보면서 초록(抄錄)했는데, 본 책이 거의 수만 권을 넘었으며, 초록한 책도 거의 수백 권이었다. 비록 여행할 때라도 반드시 책을 소매 속에 넣어 갔으며, 심지어는 붓과 벼루까지 함께 가지고 다녔다. 여관에서 묵거나 배를 타고 가면서도 책을 덮은 적이 없었다.

이덕무에게 책은 지식의 보고만이 아니었다. 실용적인 도구이기

● 신호열·김명호 공역, 〈한국고전종합DB〉, 한국고전번역원, 2004.

도 했다. 가난한 선비가 겨울나기에 책을 어떻게 사용했는지를 보면 마음이 짠하다. 그의 전집《청장관전서(靑莊館全書)》의 〈이목구심서(耳目口心書)〉에 이런 내용이 나온다. 방안에서도 입김이 서려 얼음꽃이 될 정도로 혹독하게 추운 날, 이덕무는 한밤중에 일어나 급히《한서(漢書)》한 질을 이불 위에 비늘처럼 덮어서 추위를 조금 막았다. 그러면서 이렇게 하지 않았다면 거의 얼어 죽을 뻔했다고 내심 자랑한다. 또한 방안에 차가운 바람이 들이닥쳐 등불이 심하게 흔들리자《노론(魯論)》한 권을 뽑아 옆에 세워서 찬 바람을 막았다. 혹독하게 추운 겨울밤 이덕무에게《한서》는 이불이 되고《노론》은 병풍이 되었다.

이렇게 책과 생사고락을 함께한 책벌레 이덕무도 가난만은 어쩔 수 없었는지 호구지책으로 자기가 애지중지하던 책을 팔아야 하는 처지에 내몰렸다. 이런 상황에서도 그는 특유의 재치를 빠뜨리지 않았다. 이덕무는 친구 이서구에게 이런 편지를 보낸다.

내 집에서 가장 좋은 물건은 단지《맹자(孟子)》7책뿐인데, 오랫동안 굶주림을 견디다 못하여 돈 2백 잎에 팔아 밥을 잔뜩 해 먹고 희희낙락하며 영재(泠齋) 유득공(柳得恭)에게 달려가 크게 자랑하였소. 그런데 영재의 굶주림 역시 오랜 터이라, 내 말을 듣고 즉시《좌씨전(左氏傳)》을 팔아 그 남은 돈으로 술을 사다가 나에게 마시게 하였소. 이는 맹자가 친히 밥을 지어 나를 먹이고 좌구명(左丘明)이 손수 술을 따라 나에게 권한 것과 무엇이 다르겠소. 그러고는 맹 씨와 좌 씨를 한없이 칭송하였으니,

우리가 1년 내내 이 두 책을 읽기만 하였던들 어떻게 조금이나마 굶주림을 구제할 수 있었겠소?[*]

책을 그토록 사랑한 이덕무와 유득공이 가난 때문에 《맹자》와 《좌씨전》을 판 돈으로 밥과 술을 사 먹으면서, 맹자와 좌구명이 자신들의 주린 배를 채우고 술까지 먹여 주었다고 호기롭게 칭송하는 그날의 떠들썩한 술자리 풍경이 선연히 떠오른다.

가난한 컬렉터는 수집 비용이나 생활비를 마련하기 위해 어쩔 수 없이 자기 수집품을 판다. 나도 가끔 수집품을 팔아 생활비로 쓰거나 다른 물품을 수집하는 데 썼다. 한번은 1951년 한국전쟁 때 숭문사에서 발간한 김소월 시집 《진달래꽃》을 직장 동료 Y에게 팔았다. 15년 전 일로, Y는 국어를 가르치므로 나보다 더 적절한 소장자라 생각했다. 나는 이 돈으로 밥과 술을 사 먹었다. 10년 전에는 달항아리 한 점을 직장 동료 K에게 넘겼다. 인간문화재 도예가의 최근작으로 아담하니 보기 좋은 도자기다. 지금은 꽃병으로 쓰이고 있을 것이다. 그리고 8년 전에는 수화 김환기의 판화 〈달밤의 화실〉을 친구 P에게 팔았다. 김환기미술관에서 한정판으로 만든 이 판화는 색이 화사해서 집안을 장식하기에 좋다. 판화 판 돈은 새 자료를 수집하는 데 썼다. 쇠귀 신영복이 쓴 〈나무야 나무야〉 붓글씨도 후배 J가 어찌나 탐을 내는지 그에게 넘겼다. 넘긴 직후 신영복 선

● 진재교, 〈편지로 시대에 맞서 퍼포먼스를 펼치다. 이덕무(李德懋)의 어떤 편지〉, 국가유산청.

생이 돌아가셔서 지금 몇 배가 올랐을 것이다. 2022년 9월에는 세금 낼 돈이 부족해 김영삼 대통령이 1984년 가택연금 때 쓴 붓글씨 〈극세척도(克世拓道)〉를 지인 S에게 팔았다.

돌이켜 보면 그동안 내 생활비를 대 주는 분들이 꽤 많았다. 시인 김소월, 화가 김환기, 쇠귀 신영복, 그리고 인간문화재인 어느 도예가, 심지어 거산 김영삼 대통령까지…. 그러므로 나는 참으로 행복한 사람이다. 이렇게 든든한 뒷배를 가진 사람임을 나는 수집을 통해 비로소 알았다. 생계형 컬렉터로서 나 또한 이덕무식으로 이렇게 껄껄 웃으며 자랑할 호사를 누릴 수 있게 되었다.

"소월이 사 주는 밥을 먹고, 수화가 따라 주는 술을 마시고, 쇠귀가 사 준 책을 읽고, 거산이 세금을 내 주고…."

딸 아 이 를
반 기 문 장 학 생 이 라
하 는 이 유

생계형 컬렉터인 나는 반기문 전 유엔 사무총장에게 빚을 진 적이 있다. 딸아이 미국 유학 비용을 대 주었기 때문이다. 반 총장이 유학 비용을 대 주었다니? 사연은 이렇다.

내가 제일 좋아하는 화가는 박항률 화백이다. 그의 그림에는 깊은 명상과 사색에 빠진 소녀와 승려 풍의 남자가 등장한다. 때로는 신비스러운 신화 속 동물도 나온다. 가장 즐겨 그리는 소재는 옆으로 앉아 고요히 사색하는 소녀의 모습이다. 마치 시간이 멈춘 듯한 영원의 시간을 담고 있는데 몽환적이다. 다수가 〈기다림〉, 아니면 〈새벽〉 같은 제목을 달고 있다. 무엇을 저리 절실히 기다리고 있을까? 그림 속의 소녀를 보노라면 내 마음도 함께 고요해진다. 왜 이런 소녀 그림을 그리는지에 대한 박 화백의 설명은 이렇다.

제가 시골에 있던 시절, 같은 동네에 사촌 누이동생이 살았습니다. 제가 사실 그전에는 공부도 잘 안 하고 그랬었는데 누이동생은 상당한 문학소녀여서 책 읽는 것을 참 좋아했어요. 그래서 저도 누이동생의 영향을 많이 받아 책도 많이 읽곤 했습니다. 그 후 누이동생은 저와 함께 서울로 올라왔었는데 얼마 되지 않아 세상을 떠났어요. 그래서 그녀가 제 추억 속에 항상 가장자리에 자리하게 되었고 제 작품에서 그리는 소녀

기존에 소장하고 있던 〈부석사〉와 〈새벽〉을 판매한 후 계속 아쉬움이 남아 새로 구매한
박항률 화백의 2009년 작 〈기다림〉(캔버스에 아크릴, 30호)이다. 옆으로 앉아 명상하는 소녀
를 배경으로 붉은 꽃을 그려 장식성을 더했다. 편안함을 주는 그림이다.

의 이미지가 누이동생을 많이 닮지 않았나 하는 생각을 하게 됩니다. (중략) 또한 그림 속에서 제가 보여 주고 싶었던 것은 인간의 명상적인 측면인데요. 생각에 잠기고 우리 인생을 반추해 보는 그런 이미지들을 제 그림에 담고 싶다는 생각이 아마 소녀와 꽃, 새와 나비 등의 소재와 함께 어우러져 제 그림에서 표출되었던 것 같습니다.•

　누구나 자기 나름의 선호하는 그림 취향이 있는 법이다. 미술품 수집 세계에 입문한 나는 2005년 큰마음 먹고 한 달 월급을 털어 박항률 화백의 전시회에서 〈부석사〉를 사고 말았다. 박항률 그림의 일반적인 패턴을 벗어난 작품이다. 이 작품은 의상대사와 선묘 낭자의 아름다운 사랑 이야기를 푸른 색조를 바탕으로 표현한다. 이듬해에는 내친김에 한 점 더 샀다. 〈새벽〉이다. 거실 벽에 걸린 이 그림들을 아침저녁으로 감상하면서 나는 행복감에 빠져 들었다.

　보통 아트 컬렉션을 시작할 때 한두 달 치 월급 정도의 가격부터 시작한다고 한다. 나는 이를 충실히 따랐다. 컬렉션은 돈으로 채워지는 세계가 아니다. 그렇다고 아주 고상한 취미도 아니다. 돈 아껴서 텔레비전 한 대 사는 것과 크게 다르지 않은, 그렇고 그런 취미일 뿐이다. 돈은 다른 데서 아끼면 된다. 골프를 안 하고, 담배를 안 피우고, 술을 조금 줄이면 그 정도 돈은 마련할 수 있다.

　어쨌든 그렇게 박항률 화백의 그림 두 점을 사서 1~2년 정도 소

● 네이버 〈Logo×Art 프로젝트〉 박항률 편.

장하고 있었는데, 2007년부터 갑자기 박 화백의 그림 값이 뛰기 시작했다. 처음에는 그 이유를 몰랐다. 흔히 2007년을 미술 시장이 단군 이래 최대 호황을 누린 해로 평가한다. 그런데 유난히 박항률 화백 그림 값이 많이 오른 까닭은 따로 있었다. 반기문 유엔 사무총장이 2007년에 취임하면서 미국 뉴욕에 있는 관저 4층 벽에 박 화백의 그림을 걸었던 것이다. 한복을 입은 소녀가 단아하게 앉아 있는 그 그림은 한국인 유엔 사무총장의 관저에 잘 어울렸다. 이 뉴스가 박항률 화백의 그림에 대한 컬렉터들의 수집욕을 자극한 것이 분명했다.

나는 박항률 화백 그림을 두 점 가지고 있던 터라 그중 〈부석사〉를 메이저 경매 회사인 서울옥션에 내놓기로 했다. 팔려고 산 것은 아니지만, 당시 미국 유학을 앞둔 딸아이의 유학 비용이 필요했다. 〈부석사〉는 박항률 화백의 다른 작품들보다 월등히 높은 가격에 낙찰되었다. 구매가의 4배를 약간 넘었다. 이 돈으로 딸아이 1년 유학 비용을 댔으므로 나와 아내는 그때부터 딸아이를 '반기문 장학생'이라고 부른다. 재미를 붙인 나는 1년 뒤 〈새벽〉도 경매에 내놓아 구매가의 3배 정도로 팔았다. 치솟은 그림 가격에 마음이 혹했기 때문이다.

그런데 이렇게 그림 두 점을 다 팔아 버리고 나니 '내가 이러려고 그림을 샀나' 하는 자괴감이 들었다. 그래서 2010년 박항률 화백 전시회에 가서 〈기다림〉을 새로 샀다. 가격은 처음 구매했을 때보다 두 배나 오른 상태였다. 2009년 작인 이 작품은 부채를 든 소녀가 왼쪽을 향해 앉아 있는 모습을 그렸다. 앞에 배치한 붉은 꽃들의 색감이 강렬해 이런 유형의 기존 그림들에 비해 명상적인 측면은 다소 약하지만 장식성은 더 강해진 느낌을 줬다. 이 그림은 지금까지 우리 집 현관 앞을 장식하고 있다. 지난번처럼 그림값에 현혹되어 팔지 않고, 언젠가 딸아이가 결혼하게 되면 그때 '반기문 축의금' 조로 선물할 생각이다.

생계형 컬렉터가 사는 법

3

역사 컬렉터로

살다 보면

아 내 의
극 비 프 로 젝 트

컬렉터에게 최고의 기쁨은 바라는 물건을 치열한 경쟁을 통해 낙찰받았을 때다. 그때의 기분이란 짜릿함이랄까 희열이랄까, 월 척을 낚았을 때 낚시꾼이 느끼는 손맛과 비슷할 것 같다. 그런데 낙 찰 순간에 느끼는 감정은 다소 복잡하다. 희열 이후에 다가올 공포 까지 포함하기 때문이다.

명작 동화 초판본 수집가인 곽한영이 쓴《피터와 앨리스와 푸의 여행》을 읽다가 무릎을 쳤다. 컬렉터라면 수없이 겪었을 복잡다단 한 내면세계를 정확히 표현했기 때문이다.

몇 달이나 찾은 끝에 드디어 적절한 가격에, 적절한 상태의 책이 온라 인 경매에 나온 것을 보았습니다. 경매가 시작되고 처음 일주일 동안은 서너 명이 '평화롭게' 입찰해 큰 가격 변동이 없었습니다. 그런데 종료 30분 전 상황이 돌변했습니다. 수백 명이 달려드는 바람에 입찰 종료 시간이 몇 번이나 연기되며 피를 말리는 경쟁이 벌어졌습니다. 마침내 경쟁을 뚫고 낙찰을 받은 순간의 그 기분이란! 그것은 원하던 책을 구 했다는 기쁨, 승리자가 되었다는 짜릿함, 그리고 낙찰 가격을 아내가 알 면 과연 무사할 수 있을까 하는 공포가 뒤섞인 거대한 소용돌이 같은 감정이었습니다.*

    사실 나에게 수집의 최대 장애물은 아내다. 혹시 아내가 이 책을 볼 수 있으므로 발언 수위를 다음과 같이 낮추는 게 좋겠다. 수집의 세계에는 배우자의 이해와 동의가 절대적으로 필요하다. 아내는 수집을 이해하지 못한다. 그런 데 돈 쓰는 것 역시 이해하지 못한다. 아내에게 수집품 가격을 이야기할 때 사실과 다르게 둘러댄 적이 얼마였던가. 액수가 크지 않으면 대체로 반으로 잘라 말했고, 크면 끝에 붙은 화폐 단위 동그라미 하나를 빼고 이야기했다. 이 책을 빌어 그간의 잘못을 사과한다.

    아내는 미니멀리즘을 추구한다. 하나를 수집하면 집안 물건 중 하나를 처분하겠다고 엄포를 놓는다. 컬렉터와 미니멀리스트는 같이 살기에 불편할 수밖에 없다. 결국 공동 공간인 거실에는 절대 물건을 두지 않기로 약속하는 선에서 타협했다. 그래서 우리 집 거실에는 보통 가정보다 훨씬 짐이 없다.

    그렇다고 아내가 수집품을 무조건 싫어하는 건 아니다. 세월이 오래다 보니 수집품에 관심을 보이는 때가 가끔 있다. 한번은 일제강점기 가미카제 특공대 출격 기념으로 만든 장식용 접시를 수집한 적이 있다. 지름 20cm 크기의 접시에는 벚꽃과 함께 제로전투기**가 그려져 있다. 그런데 다음 날 아침 이 접시 앞에 웬 물잔이

* 곽한영, 《피터와 앨리스와 푸의 여행》, 창비, 196쪽.
** 태평양전쟁 당시 일본 해군의 경량급 전투기로, 미쓰비시중공업이 일본 해군의 요구로

놓여 있는 것이 아닌가. 아내에게 물었더니, 그때 군인들이 젊은 나이에 죽었을 테니 넋을 달래고 싶은 마음에서 정화수를 올렸다는 것이다. 내가 농담으로 "악질 친일파 마누라군"이라고 하니, 아내는 "엄마의 마음이지. 죽은 군인들이 일본인이든 조선인이든 다 누구의 자식이었을 텐데 불쌍하잖아"라고 한다. 매일 깨끗한 물을 올리는 추모 행사는 그 뒤 한 달 동안 이어졌다. 이렇게 아내도 내 수집 세계에 서서히 스며드는 것일까.

그러던 중 특이하게 아내가 먼저 수집하자고 나선 물품이 있다. 게다가 비싸기까지 하다. 바로 백범 김구의 붓글씨다. 2020년 5월 K옥션 경매에 〈시위인술(是爲仁術)〉이라는 김구의 붓글씨가 나왔다. 2016년에도 K옥션 출품 기사가 있는 것으로 보아 그때 유찰되었다가 4년 후 새로 시장에 나온 것으로 보였다. 백범이 1947년에 의사 김의현에게 써 준 이 작품은 가로 128.4cm, 세로 38.5cm 크기로 비단 위에 먹으로 썼다. 〈시위인술〉은 '이것이 인술이다'라는 뜻으로, '어진 의술로써 훌륭한 의사가 되어라'로 풀이할 수 있다. 동국대에서 교육학을 가르치는 내 친구 박종배 교수는 '시(是)'를 '이것'이라는 명사로 해석하지 말고, '올바르다'는 뜻의 부사로 해석해 '올바르게 인술을 행하라'로 해석하는 게 좋지 않겠느냐는 의견을 내놓았다.

1940년에 개발했다. 전쟁 후반에는 자살특공대 가미카제에 동원되었다. 정식 명칭은 영식선상전투기(零式艦上戰鬪機: 레이시키칸죠우센토우키)인데 보통 줄여서 제로전투기 혹은 제로센이라고 부른다.

1947년 백범의 〈시위인술(是爲仁術)〉로, 의사 김의현에게 인술을 행하라는 의미로 써 준 글씨다. 가로 128.4cm, 세로 38.5cm 크기로 비단 위에 먹으로 썼다. '仁(인)'과 '術(술)'의 왼쪽 부수 부분에서 심한 손떨림을 확인할 수 있다.

김구 글씨는 획이 많이 떨린다는 특징이 있다. 감격에 겨워 그런 것은 아니다. 대한민국임시정부 중심으로 정치 세력을 통합하는 과정에서 반대파의 총에 맞아 가슴에 총알이 박혔다. 심장 근처라 당시 외과 수술 수준으로는 제거하지 못해 그 뒤부터 붓글씨를 쓸 때면 손이 저절로 떨렸다. 덕분에 손떨림체는 김구의 독특한 글씨체가 되었다. 세간에서는 이를 '총알체'라고 부른다. 경매에 나온 붓글씨 역시 손 떨림이 심하다. 김구가 글을 써 준 의사 김의현이 누군지는 알 수 없다. 한독의약박물관[*]에 같은 내용의 글씨가 전시되어 있는데, 의사 김준에게 써 준다는 내용만 다르다.

언감생심 처음부터 이 글씨를 구할 생각은 아니었다. 1,000만 원이라는 시작가부터가 만만찮았다. 추정가는 1,000만~2,000만 원. "이런 글씨가 경매에 나왔네"라고 아내에게 지나가는 말로 툭 던지고는 잊고 있었다. 그런데 며칠 뒤 아내가 먼저 응찰하자고 제안했다. 백범에 대한 존경심 때문만은 아니었다. 당시 딸아이가 의대 본과 2학년생이었는데, 미리 서프라이즈 선물을 준비하자는 것이 아내의 생각이었다. 글씨를 낙찰받아 비밀리에 보관하고 있다가 대략 10년 뒤쯤 아이가 의사가 되어 개업하거나 자기 진료실을 가졌을 때 그곳에 걸어 준다는 거창한 계획이었다. 인술을 행하라는 가르침이 좋고 백범 김구가 쓴 것이라 더 의미가 있었다. 우리는 이

---

[*] 1964년 설립된 ㈜한독약품 창립 10주년 기념 문화 사업으로 설립된 한독의약박물관은 우리나라 최초의 기업 박물관이자 전문 박물관의 효시로 평가받는다.

극비 작전을 '김구 프로젝트'라고 불렀다.

경매 전날 1,500만 원으로 예약 응찰했다. 경매 당일 새벽에 아내는 조바심이 나는지 아무래도 1,500만 원에는 낙찰받지 못할 것 같다며 1,650만 원으로 예약금을 올리자고 제안했다. 그래서 입찰가를 다시 조정했다. 우리는 경매가 끝나기를 초조하게 기다렸다. 아내의 제안은 주효했다. 그날 경매에 5명이 경쟁했는데 1,600만 원까지 따라오던 응찰자가 포기해 우리가 써낸 가격에 낙찰받을 수 있었다. 수수료를 포함하면 1,922만 원이다. 아내와 나는 높은 가격은 잠시 잊은 채 딸아이에게 줄 최고의 선물을 마련했다는 이유만으로 감격했다.

이 붓글씨가 내 소장품 중 가장 비싸다. 사람들이 나에게 가장 비싼 수집품이 뭐냐고 물으면 이 붓글씨라고 대답한다. 가격을 구체적으로 말하지 않고 그냥 중고차 한 대 값이라고 말한다. 가격보다 중요한 것은 아내와 협업으로 구한 거의 유일한 수집품이기 때문이다.

그런데 최소 10년 정도는 지킬 것으로 생각한 부부의 극비 작전은 고작 3년도 못 채우고 막을 내렸다. 2023년 10월 MBC 〈선을 넘는 녀석들-더 컬렉션〉에 출연해 내가 소장한 역사 자료를 소개한 일이 있었는데, 녹화 과정에 제작진의 꾐(?)에 빠져 만천하에 이 작품을 공개하고 말았다. 물론 "이건 딸아이에게는 비밀입니다"라는 단서를 분명히 달긴 했다. 결국 미수에 그친 서프라이즈가 되고 말았지만, 〈시위인술〉은 딸아이가 어엿하게 자리를 잡아 진짜 인술을 펼칠 날을 기다리며 내 집 다락방에서 잠자고 있다.

안 중 근
대 신
이 완 용 이 라 니

얼핏 보면 비슷해 보이지만 가격이 천양지차인 경우는 수집 세계에서 비일비재하다. 안중근과 이완용의 붓글씨 가격 차이는 그중 극적인 대비를 보여 준다.

먼저 이런 질문을 던져 보자. 한국 경매 시장에서 가장 인기 있고 비싼 글씨는 누구의 것일까? 아마 많은 독자가 추사 김정희를 떠올릴 것이다. 추사의 글씨는 대략 1억 원 안팎에 거래된다.* 안중근 의사의 글씨 가격은 추사를 훌쩍 뛰어넘는다. 기본이 수억 원이다. 한국의 서예 시장에서 특이한 점은 김정희를 제외하면 대부분 정치인이나 유명 기업인의 작품을 선호한다는 것이다. 예술성보다는 역사성을 더 중요하게 평가한다.

안중근 의사를 이어서 박정희 대통령, 삼성의 창업주 호암 이병철, 그리고 백범 김구와 이승만 대통령, 그다음 김대중 대통령, 김영삼 대통령, 윤보선 대통령의 글씨가 경매 시장에서 인기 있다. 박정희 대통령과 이병철 창업주의 글씨는 2,000만 원대,** 백범 김구

---

* 2017년 K옥션에 출품된 추사의 대형 대련 작품은 추정가 6,000만~1억 원이었고, 2024년 역시 K옥션에 나온 작품도 추정가가 8,000만~1억 2,000만 원이었다.
** 2024년 4월 K옥션 경매에서 호암 이병철 창업주의 붓글씨 〈인재제일〉은 3,200만 원에 낙찰되었다.

역사 컬렉터로 살다 보면

와 이승만 대통령은 1,000만 원대, 김대중·김영삼 대통령은 몇백만 원, 그 아래는 일단 100만 원에서 시작하거나 그 밑으로 거래되는 것이 많다. 몇 년 전 작고한 쇠귀 신영복의 글씨도 최근 인기가 많다. 쇠귀체, 어깨동무체로 불리는 신영복의 글씨는 몇백만 원에 거래된다.

　한국에서 가장 비싼 안중근 의사의 글씨를 좀 더 자세히 살펴보자. 안중근 의사의 글씨는 대략 60여 점이 현전하는 것으로 알려졌고, 그중 상당수가 보물로 지정되었다. 남아 있는 작품 수가 적어 경매에 아주 드물게 나오는 편이다. 경매에 작품이 나올 때면 언론에서 대서특필하곤 한다.

　2018년까지 안중근 의사 유묵(遺墨; 죽은 사람이 생전에 남긴 글씨나 그림) 중 최고가 작품은 7억5,000만 원에 낙찰된 〈승피백운지우제향의(乘彼白雲至于帝鄕矣)〉다. '저 흰 구름 타고 하늘나라에 이르리'라는 뜻이다. 아직 10억 원을 넘지 못했다. 그런데 2020년을 지나면서 이 기록이 깨진다. 2024년 2월 서울옥션 경매에 그동안 알려지지 않았던 〈인심조석변산색고금동(人心朝夕變山色古今同)〉이 나왔다. '사람의 마음은 아침저녁으로 변하지만 산색은 예나 지금이나 같다'라는 뜻의 이 유묵에는 안중근 의사의 수인(手印)과 함께 1910년

● 2016년 신영복 교수가 타계한 직후 열린 A옥션 경매에서 붓글씨 〈처음처럼〉은 시작가 30만 원에서 출발, 총 513건의 응찰 끝에 2,575만 원에 낙찰되었다. 이는 시작가 기준 약 87배로 국내 미술품 경매 사상 최고 상승률이라는 기록을 세웠다.

3월 뤼순 감옥에서 썼다는 문구가 적혀 있다. 이 유묵은 시작가 6억 원에 출품되어 최종 13억 원에 낙찰되었다. 그 직전인 2023년 12월 서울옥션 경매에도 안중근 의사의 미공개 유묵이 출품되었는데, 이 작품엔 '용과 호랑이의 웅장한 모습이 어찌 지렁이와 고양이의 모습에 비하겠는가(龍虎之雄勢豈作蚓猫之態)'라고 쓰여 있다. 이날 경매는 5억 원에서 시작되었는데, 처음엔 5명 이상이 응찰했다가 13억 원부터 2명의 입찰자가 전화 응찰로 치열한 경합을 벌인 끝에 최종 19억5,000만 원(수수료 포함 23억3,600만 원)에 낙찰되었다. 안중근 의사 유묵 중 최고가 기록일 뿐 아니라 한국 붓글씨 경매가에서 최고가 기록이다.

그렇다면 안중근 의사와 대척점에 서 있는 이완용의 붓글씨 가격은 얼마일까? 참고로, 다음 사항을 먼저 고려하자. 이완용의 붓글씨 솜씨는 당대 최고로 평가되었다. 정치 행적과 관계없이 그는 당대의 명필이었다. 안중근 의사의 붓글씨보다 글씨 자체의 완성도가 뛰어나다. 그런데 이완용의 붓글씨는 몇억 원, 몇천만 원이 아니다. 심지어 몇백만 원도 아니다. 몇십만 원대, 더 정확히 말하면 20~50만 원대다. 서예 작품은 미술 작품과 달리 예술적 완성도보다 역사성을 더 중시하기 때문이다.

이는 동양의 오랜 서예 전통에서 기인하는 것이기도 하다. 예로부터 동양에서는 서여기인(書如其人)이라 해서 글씨를 글씨로만 보지 않았다. 서여기인은 '글씨는 곧 그 사람'이라는 뜻이다. 이때 '그 사람'은 그 사람의 겉모습이나 재산 수준, 관직의 높이를 말하는 것

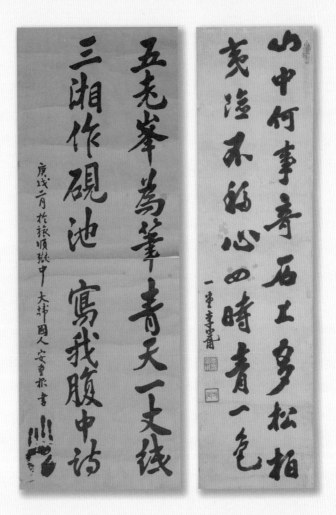

왼쪽은 안중근 의사의 붓글씨 영인본이다. '오로봉으로 붓을 삼고 푸른 하늘 한 장 종이 삼아 삼상의 물로 먹 갈아 뱃속에 담긴 시를 쓰련다'라는 내용으로, 대장부의 호방한 기상을 표현하고 있다. 원본은 보물 제569-9호로 홍익대가 소장하고 있다. 오른쪽은 이완용 붓글씨로 '산속 무엇이 기특한고. 바위 위에 소나무 잣나무가 많구나. 평탄하거나 험난하거나 마음은 한결같아 사철 푸르러 한빛이로다'라고 썼다. 내용은 절개를 노래하고 있으나 실제로 그의 삶은 그렇지 못했다.

이 아니라 인품, 교양, 기개, 학문 등을 뜻한다. 글씨 쓴 사람의 인격적 총체를 반영하는 것으로 붓글씨를 본 것이다. 이런 글씨에 대한 전통적 인식 때문에 이완용의 글씨는 아무리 명필이라도 가치를 평가받지 못하고, 안중근의 글씨는 비록 기교가 다소 떨어져도 가치가 빛난다.

120여 년 전 현실의 승자는 이완용이었고 패자는 안중근이었다. 그러나 역사의 평가는 전혀 다르다. 안중근은 역사 속에서 영원한 승자가, 이완용은 영원한 패자가 되었다. 두 사람의 붓글씨 가격처럼 이를 극명하게 보여 주는 예가 또 있을까? 안중근 의사의 유묵 속에는 의병장으로서 살았던 군인 안중근과 동양평화론을 설파했던 사상가 안중근의 삶이 모두 녹아 있다. 그래서 안중근의 글씨는 기교를 떠나 장중하며 아름답다. 이에 반해 이완용의 글씨는 누구도 찾지 않는다.

그렇다면 나는 왜 이런 친일파의 붓글씨를 수집할까? 더러운 역사라도 역사이기 때문이다. 지금 서울 송파구 석촌호수에 있는 삼전도비[*]가 대표적이다. 이 비석만큼 한국사의 굴욕을 상징하는 유물도 없을 것이다. 그렇다고 삼전도비를 산산조각 내서 호수 속에

• 1636년 병자호란 당시 청 태종은 직접 대군을 이끌고 한양에 침입해 삼전도에 진을 치고 남한산성으로 피신한 인조를 포위 공격해 마침내 항복을 받는다. 삼전도비는 이러한 사실을 영원히 기념하려는 청 태종의 강요로 세워졌다. 현재 서울 송파구 석촌호수 서호 쪽에 세워져 있는데, 비문에 있는 원래 명칭은 대청황제공덕비(大淸皇帝功德碑)다.

역사 컬렉터로 살다 보면

던져 버려야 분노가 풀릴까? 좋고 빛나고 화려하고 영웅적인 것만 찾아서 보존하고, 더럽고 굴욕스럽고 수치스러운 역사를 다 지워 버린다면 후세 사람들이 역사에서 무엇을 배울까? 역사는 아름다워도 역사고 아름답지 못하더라도 역사다. 역사 컬렉터로서 나는 아름다운 것은 아름다운 대로, 더러운 것은 더러운 대로 수집하는 것이다. 어차피 안중근의 글씨야 수집하고 보존할 사람이 많아서 나설 바 아니지만, 이완용의 글씨는 나 같은 사람이 나서서 수집해 남겨야 한다는 일종의 사명감이 앞선다.

덧붙여 이건 그냥 여담이다. 2020년 8월에 유재석, 조세호가 진행하는 tvN 〈유 퀴즈 온 더 블록〉에 광복절 특집으로 출연했다. 당시 수집 관련해 여러 이야기를 나누었는데, 방송 직후 대중과 언론이 제일 주목한 것은 유재석이 내가 수집한 이완용 붓글씨를 '(친일파 글씨라) 안 보고 싶다'며 분노했다는 내용이었다. 어떤 언론에서는 "'유 퀴즈' 매국노 이완용 붓글씨 공개, 유재석 '이걸 왜 모으냐' 분노"로 제목을 뽑았다. 방송 당일 '이완용'이 갑자기 실시간 검색어 1, 2위에 오르기도 했다. "왜 이걸 모으냐?"는 유재석의 질문에 나는 위에서 밝힌 것과 비슷하게 취지를 설명했다. '나라도 모으지 않으면 이런 것들은 다 소멸할 것이다. 아름답지 못한 역사도 역사다. 이런 자료들과 함께 안중근 의사의 유묵을 같이 전시했을 때 안중근 의사의 기개와 삶이 한결 더 드러날 수 있을 것이다.'
그런데 나는 여기서 큰(?) 실수를 저질렀다. 이완용과 안중근 의사의 붓글씨 가격이 "100배" 차이 난다고 말했다. 가격을 비교하면서 안중근 의사의 붓글씨를 당시 제일 낮은 쪽 기준으로 5억 원, 이완용 붓글씨를 제일 높은 가격 기준으로 50만 원 정도로 잡아서 계산한 결과였다. 다음 날 언론 기사들은 내가 한 말을 그대로 인용해 한결같이 "안중근 붓글씨, 이완용과 100배"라는 제목을 내걸었다. 그런데 뭔가 석연치 않아 다시 계산해 보니 100배가 아니라 1,000배였다. 숫자에 밝지 않은 내 무지는 그렇다 치더라도 그 많고 많은 기자, 방송작가나 연출자, 심지어 댓글을 단 사람들 누구도 100배가 아니라 실제로는 1,000배 이상이라고 지적하지 않았다. 지금도 '안중근과 이완용의 붓글씨 가격이 100배 차이'라는 기사들이 그대로 인터넷에 떠돌고 있다. 대중 앞에서 발언할 때는 항상 조심 또 조심해야 한다는 사실을 절감했다.

이완용은 제주 가고
김부귀는 서울 오고

역사 컬렉터로서 내가 물건을 수집하는 경로는 주로 경매지만 꼭 그렇지는 않다. 친구에게 그냥 얻을 때도 있다. 내 친구 안병두는 밀양의 양반 집안 후손으로 집안에 내려오는 조선 후기 호적 문서 한 장을 망설임 없이 나에게 줬다. 고마운 친구다. 그밖에 연줄 닿는 컬렉터로부터 싼값에 살 때도 있다.

2020년 8월 말의 일이다. 나는 코베이옥션에서 봉황 민화를 45만 원에 낙찰받았다. 오동나무를 배경으로 한 그림으로 단박에 수준이 높다는 것을 알 수 있었다. 그런데 유리 액자로 되어 있어서 배송이 문제였다. 유리가 깨지면서 작품이 훼손될 수 있기 때문이다. 마침, 시간이 나서 판매자와 연락해 부천 판매자의 집으로 직접 그림을 가지러 가기로 했다. 집 앞에 도착해 연락하니 판매자는 나에게 수집에 관심이 많은지 물었다. 그렇다고 하니 집에 올라가서 차 한잔하고 가라고 권했다. 그림 받으러 갔다가 초면의 컬렉터 집에서 두 시간 정도 이야기를 나눴다.

컬렉터들은 처음 만나도 서로 말이 통한다. 공통의 관심사가 있기 때문이다. 부천의 컬렉터는 원래 박물관을 세울 계획으로 땅을 사고 공들여 수집했는데, 부지가 재개발지가 되는 바람에 꿈을 접고 지금은 수집품을 하나씩 정리하는 중이라고 했다. 주요 수집품은 옛 글씨와 그림으로 그중 일부를 보여 주었다. 내가 관심을 보였더니 마음에 드는 게 있으면 싼값에 넘기겠다고 제안했다. 그래서 버드나무 아래 연꽃과 오리를 그린 민화 〈연지유압도(蓮池柳鴨圖)〉를 30만 원에 샀다. 나오는 길에 발견한 조선시대 오리 목조각도 20만 원에 샀다. 부천 컬렉터의 아내는 그 오리와 정이 들었다며 목조각을 마지막으로 꼭 안아 보고 나에게 건넸다. 컬렉터에게 자기 수집품과의 이별은 그리 쉬운 일이 아니다.

　물물 교환으로 자료를 수집할 때도 있다. 내 관심 품목과 상대방의 관심 품목이 서로 맞으면 교환한다. 이런 교환으로 최근 나에게 온 품목이 〈김부귀의 손도장〉이다. 김부귀? 다소 낯선 이름일 것이다. 김부귀(金富貴)는 경남 창원 출신[*]으로 일제강점기 식민지 조선에서 유명한 거인이었다. 그는 7척 3촌 5푼, 곧 219.7cm의 장신으로 당시 동양에서 제일 컸고, 세계적으로 세 번째로 컸다고 한다. 확인할 수 있는 기록으로는 현재까지 우리나라 역사에서 7위다.^{**} 어쨌든 김부귀는 큰 키로 1930년대 조선에서 이름을 날렸다. 지리산 화엄사에 출가해 승려 생활을 하다 속세로 나온 그를 두고 사람들은 "낮도깨비야 낮도깨비!"라고 수군거리는가 하면, "신발이 배만 하다", "손이 솥뚜껑만 하다"라는 등 온갖 화제를 몰고 다녔다.

● 김부귀(1905~1943)는 경남 하동에서 태어났는데, 태어난 직후 가족의 이사로 어린 시절을 주로 경남 창원에서 보냈다.

●● 역대 1위는 남복우(242cm)인데 공식적이지는 않다. 여러 사람의 증언과 사진을 참고하면 230cm 초반으로 추정된다. 2위는 이경호(227cm), 공동 3위는 이명운(225cm), 유기성(225cm), 5위는 농구선수 하승진(221.6cm), 6위는 농구선수 김병오(220.8cm)다.

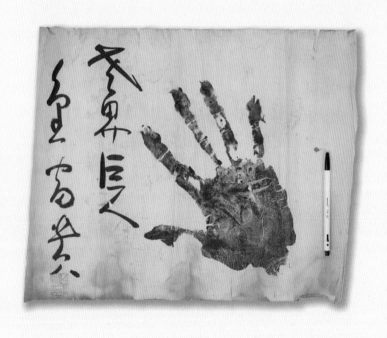

〈김부귀의 손도장〉. 일본에서 제주도를 거쳐 최근에 서울로 왔다. 손도장 왼쪽에 쓴 글은 "世界巨人 金富貴(세계 거인 김부귀)"다. 이름 옆에 김부귀의 도장이 찍혀 있다. 크기는 가로 50cm, 세로 38cm다. 손바닥 끝에서 중지 끝까지의 길이는 무려 30cm다. "손이 솥뚜껑만 하다"라는 말은 빈말이 아니었다.

큰 키와 함께 괴력도 화제였다. 당시 기록을 보면 그는 쌀 두세 가마니는 손으로 가볍게 들고, 승용차를 한 손으로 가볍게 좌우로 흔들 수 있는 정도의 괴력을 지니고 있었다 한다.

큰 키 때문에 김부귀는 식민지 문인들의 작품 속에서 심심치 않게 등장한다. 먼저 이희승의 수필 〈오척단구〉에 나오는 대목이다.

우리나라에서 "키 크고 싱겁지 않은 사람이 없다"는 말이 속담화(俗談化)가 되어 있지마는, 진정인지 김부귀와 같은 멋 없이 늘씬한 키는 눈꼽만치도 부럽지 않다.[*]

농촌 계몽 소설로 유명한 심훈의 《상록수》에도 이런 대목이 있다.

건배는 납작한 토담집 앞까지 와서,

"이게 명색 우리집인데요, 나 같은 김부귀 사촌쯤 되는 사람은 이마받이 허기가 똑 알맞지요. 허지만 나물 먹고 물 마시고 팔을 비고 누웠어도 낙이 다 게 있구 게 있거든요."

하더니 미리부터 허리를 구부리며 집 속으로 기어들어간다.[**]

김부귀의 손도장을 찍은 종이는 제주박물관에서 근무하던 강민

* 이희승, 《한 개의 돌이로다》, 휘문출판사, 1971.
** 심훈, 《상록수》, 위키문헌 제4장.

경 학예연구사가 2022년 일본 경매에 나온 것을 우연히 보고 수집했다. 손도장은 한국에서 안중근 의사의 손도장 정도만 떠올릴 정도로 낯설지만, 일본에서는 '수형(手形)'이라 해서 꽤나 유행한 문화다. 특히 스모 선수들이 이런 손도장을 많이 남겼다고 한다. 김부귀의 손도장은 일본을 방문한 김부귀가 그곳에서 남긴 것으로 추정된다.[•] 나는 당시 강민경 연구사를 페이스북을 통해 알고 있었는데, 페이스북에 올린 김부귀의 손도장을 보고 놀라지 않을 수 없었다. 당시 사람들의 말처럼 정말 솥뚜껑만 했다. 나는 강민경 연구사와 그 흥미로운 손도장을 소재로 이런저런 대화를 문자로 나누었다. 이런 인연으로 그 뒤 제주도에 여행 갔을 때는 박물관을 방문해 강민경 연구사를 직접 만나기도 했다.

그리곤 2년이 흘렀다. 고려시대를 전공한 강민경 연구사는 그사이 《이규보 선생님, 고려시대는 살 만했습니까》(2024)를 출판했다. 젊은 연구자의 참신한 글에 직접 그린 삽화까지 더한 이 책은 큰 화제가 되었다. 2024년 9월, 추석을 며칠 앞두고 문자로 안부를 주고받다가 강민경 연구사는 김부귀의 손도장에 여전히 관심이 있는지 나에게 물었다. 이전에 내가 김부귀에 대해 글을 쓰고 싶다고 말한 것을 기억한 모양이다. 강민경 연구사는 내가 소장하고 있던 이완용 붓글씨와 교환할 의향이 있는지를 조심스럽게 제안했다. 그는 이규보에 이어 이완용에 대한 글을 쓰고 있는데, 내가 출연한 방송

[•] 김부귀의 명성은 당시 일본에까지 퍼져 1931년 1월, 1933년 5월, 1934년 9월 세 차례에 걸쳐 일본 흥행사와 함께 일본 공연을 했다. 이 손도장은 그때 만들어진 것으로 보인다.

을 통해 이완용 붓글씨를 여러 점 소장하고 있다는 사실을 이미 알고 있었다.

마침 내가 가진 이완용의 붓글씨 6점 중 2점의 내용이 같았다. 나는 김부귀에 대한 호기심이 컸고, 강민경 연구사는 이완용 글씨에 대한 호기심이 컸다. 그래서 그가 고른 이완용 붓글씨 한 점과 김부귀의 손도장을 물물교환하기로 합의했다. 공정가격이 있지 않아서 정확히 얼마에 교환했는지 서로 알지 못한다. 대략 감으로 느낄 뿐이다.

추석 직전에 나는 이완용을 제주도로 떠나보냈다. 생전에 이완용이 제주도 땅을 밟아 봤는지 모르지만 분명 이 글씨는 제주도가 처음일 것이다. 이완용 붓글씨와 함께 이런 내용의 쪽지를 넣었다.

강민경 선생님께.

일당(一堂) 이완용이 저에게 온 지 6년 만에 바다 건너 제주도로 가게 되었군요. 일당이 생전 제주도는 가 봤는지 궁금합니다. 매국이 합리화되고 독립운동이 조롱받게 된 뒤집힌 시대에 이완용 붓글씨 바통을 넘기니 잘 보관하시다가 다음 분에게 넘겨 주시기를 바랍니다. 그리고 서울 유람 오는 거인 김부귀 씨도 잘 보관하고 있다가 때가 되면 더 잘 보관해 주실 누군가에게 넘기도록 하겠습니다.

추석 연휴가 끝난 직후 제주도에서 김부귀의 손도장이 서울에 도착했다. 강민경 연구사는 옛날 소동파가 "물건은 각자 주인이 있는 법"이라고 말했다는 사실을 언급하면서 김부귀의 손도장이 옛일을 밝히는 사료가 되기를 바란다는 편지와 함께 김부귀에게 쓴 편지 한 장을 덧붙였다. 컬렉터에게 이별은 그렇게 쉬운 일이 아니다.

김부귀 선생!

선생의 손바닥을 현해(玄海) 건너에서 모셔 와 여기 모신 지도 여러 날이었습니다. 이제 인연이 다하여 선생을 보다 잘 이해하고 아끼며 현양(顯揚)할 분께 보내드립니다. 혹시 다시 뵙거들랑 말없이 그저 손바닥을 들어 반겨 주소서. 감사하였나이다.

　자료를 수집하다 보면 상태가 좋지 않은 것을 자주 만난다. 다행히 종이 문서는 배접(褙接)이라는 간단한 방법으로 수복(修復)할 수 있다. 배접은 종이를 여러 장 겹쳐 붙여 한 몸처럼 만드는 기술이다. 문제는 그림이다. 그림은 두루마리 형태로 보관해도 되지만 제대로 하려면 액자 표구를 해야 한다. 그러면 공간 문제가 발생하므로 그림 수집은 애당초 나의 주 관심 대상이 아니었다.

　2020년 4월 하순, 경매에서 심하게 훼손된 까치호랑이 그림을 우연히 발견했다. 보는 순간 명화라고 확신했다. 조선 후기에 흔히 작호도(鵲虎圖)로 불린 까치호랑이 민화가 크게 유행했다. 까치호랑이 그림은 소나무, 까치, 호랑이(또는 표범), 이 세 가지 상징을 통해 신년희보(新年喜報), 곧 '새해에 기쁜 소식을 전한다'라는 뜻을 표현한다. 보통 까치호랑이 그림에는 호랑이가 한 마리인데 내가 만난 그림에는 어미 호랑이 아래 귀여운 새끼 호랑이가 두 마리나 더 있어서 흥미로웠다. 호랑이 입과 그림 중간중간에 석채(石彩)를 이용한 것도 이 그림이 보통이 아님을 말하고 있었다. 무엇보다 몸을 크게 S자로 뒤틀어 까치를 쳐다보는 호랑이 자세가 어색함 없이 원숙하고 전체적인 구도 역시 훌륭했다.

　그런데 상태가 좋지 않아서인지 입찰자가 나 말고 없었다. 시작

두 장의 사진은 내가 수집한 까치호랑이 민화의 수복 전후 모습을 잘 보여 준다. 왼쪽이 처음 수집했을 당시의 그림이고, 오른쪽이 수복이 끝난 상태의 그림이다. 크기는 가로 60cm, 세로 110cm로 까치호랑이 민화로는 비교적 대작이다. 까치호랑이 그림은 소나무, 까치, 호랑이(또는 표범), 이 세 가지 상징을 통해 신년희보(新年喜報), 곧 '새해에 기쁜 소식을 전한다'라는 뜻을 표현한다.

가 10만 원에 낙찰받았다. 문제는 그림의 훼손 상태가 매우 심하다는 것이었다. 특히 그림이 접혀 있는 부분은 만지면 바스러질 정도로 상태가 안 좋아 더 방치하면 영영 소생할 수 없을 것 같았다. 나는 서둘러 그림을 수복하기로 마음먹었다.

그런데 수복의 세계에 대해 아는 것이 하나도 없었다. 검색하니 현재 국내에서 미술품 보존·수복을 담당하는 전문 기관은 크게 사립 시설과 국립 시설로 구분되었다. 리움미술관에서 운영하는 미술품보존과학실과 김광섭미술품보존연구소 등이 대표적인 사립 시설에 해당하고, 국립현대미술관의 작품보존수복실이 국립으로는 유일한 기관이다. 내가 그런 곳들을 찾을 수는 없는 노릇이어서 인사동에서 옛 그림을 수복하는 전문가를 물색했다. 그 결과 찾은 곳이 운경표구사다. 이곳에 그림을 조심스럽게 가져가 수복이 가능한지 물었다. 문화재수리기능장인 표구사 김용신 대표는 그림을 살펴보더니 수복할 수 있다고 했다. 비용은 60만 원.

나는 작은 부분 몇 군데를 가리키며 수복할 수 있을지를 물었다.

"그것도 가능하긴 한데 그런 세부적인 곳까지 하려면 비용이 100만 원으로 늘어납니다."

나는 잠시 고민에 빠졌다. 이 그림이 수집가의 10배를 들여 수복할 정도의 가치가 있을까? 정말 명화이긴 할까? 결국 내 직관을 믿고 수복을 부탁했다. 수복하는 데 한 달 정도 걸린단다.

한 달 뒤 두근거리는 마음으로 방문한 표구사에서 건강한 모습으로 변신한 그림을 만났다.

"그래! 원래 네 모습은 이런 장한 것이었구나."

김용신 대표는 자기가 수복한 그림을 이렇게 평가했다.

"좋은 그림을 거저 주우셨더군요."

나는 조심조심 그림을 차에 싣고 집으로 돌아왔다. 그렇게 뿌듯할 수 없었다.

이렇게 그림을 살린 뒤 나는 재미를 붙여 민화 한 점을 더 수복했다. 2015년 7월에 수집해 가지고 있는 민화 가운데 〈신구도(神龜圖)〉가 있었다. 신구를 중심으로 연꽃, 새, 물고기를 배치한 수준 높은 그림이었다. 그런데 그림의 왼쪽 아래에 있는 물고기 두 마리의 훼손이 심했다. 이 그림을 수복하고 싶은 나는 다시 표구사를 방문해 수복을 부탁했다. 호랑이가 건강한 모습으로 돌아온 것처럼, 한 달 뒤 물고기도 건강한 모습으로 돌아왔다. 이렇게 두 점의 민화를 수복한 후 훼손이 심한 민화를 볼 때마다 인사동을 찾아 다섯 점을 더 수복했다. 그때마다 마음은 뿌듯함으로 충만했다.

그림을 전문으로 수집하지 않는 나는 왜 그림을 수복할까? 이리저리 역사 자료를 수집하는 과정에서 훼손이 심한 그림을 만나는 것은 길을 걷다 응급환자를 만나는 것과 같다. '내가 이 그림을 수복하지 않으면 이 그림은 곧 소실되고 말 거야.' 이런 마음으로 뜻하지 않게 옛 그림을 수복하는 일을 떠맡았다. 무시하고 가던 길을 갈 수도 있다. 그러나 옛 그림이 도와 달라고 울부짖는 소리를 차마

● 옛날부터 사령수(四靈獸), 곧 용, 봉황, 거북, 기린(龍鳳龜麟) 중 하나인 거북을 신격화해 그린 그림을 말한다. 거북의 머리를 용의 머리로 표현해 신비스러움을 더했다.

무시할 수 없다. 나는 훼손이 심한 그림을 볼 때마다 측은지심이 일어나고, 그 덕분에 인(仁)을 실천하고, 매번 조금씩 더 사람다워지고 있다. 참으로 고마운 일이다.

범죄인 명부에서
발굴한
독립유공자

다양한 자료를 수집하면서 그 자료가 아니었다면 만나지 못했을 수많은 이들과 인연을 맺는다. 그중에서도 잊을 수 없는 기억이 있다. 〈(오가면) 범죄인 명부〉를 수집하고 충남 예산군 오가면과 맺은 인연이다.

〈(오가면) 범죄인 명부〉는 15년 전에 수집했다. 이 명부는 200쪽 정도로 두꺼웠고, 표지 제목은 거의 지워져 한자로 쓴 "犯罪人名簿(범죄인 명부)"를 겨우 읽을 수 있었다. 왼쪽 위에는 비밀문서임을 뜻하는 붉은색 "秘(비)" 도장이 찍혀 있었다. 너무 많이 지워져 읽을 수 없지만 제목 왼쪽 아래에 한자가 세 자 있다는 것을 알 수 있다. 아마 이 명부를 만든 관공서 이름일 것이다.

명부를 펼쳐 보니 대정 7년(1918)부터 소화 13년(1938)까지 20년간의 범죄인 총 194명에 대한 기록이 실려 있다. 이들의 주소는 모두 '충남 예산군 오가면'이다. 그러므로 읽을 수 없는, 큰 제목 옆의 세 글자는 '吾可面(오가면)'일 것이다. 이 명부는 면사무소 같은 행정관서보다 경찰관서에서 만들었을 가능성이 더 높아 보였다. 명부는 벌금, 태형에서부터 징역, 사형에 이르기까지 다양한 처벌을 받은 범죄인들을 기록하는데, 가장 많이 등장하는 죄명은 도박, 삼림

령 위반, 주세령* 위반이다.

　내가 이 명부를 수집한 까닭은 한 면소재지의 사례를 통해 일제강점기의 범죄 현황을 살펴보겠다는 생활사적 관심 때문이었다. 하지만 더 중요한 이유는 이 명부가 3·1운동 시기와 정확히 겹치기 때문이었다. 나는 이 명부를 통해 일제강점기 충청도 어느 면소재지 사람들이 3·1운동에 참가한 후 어떤 죄목으로 어떻게 처벌받았는지를 구체적으로 알고 싶었다.

　이 명부로 확인할 수 있는 내용은 대략 이러했다. 충남 예산군 오가면 사람들 중 3·1운동과 관련해 처벌받은 이는 모두 13명이다. 1919년 4월 7~23일에 그들은 모두 '보안법 위반'으로 처벌받았다. 3·1운동이 일어난 시기와 거의 일치한다. 3·1운동 당시 예산 지역에서 일어난 시위를 검색한 결과 오가면을 포함해 여러 면이 4월 4일과 5일 밤에 봉화 시위를 벌인 사실을 찾을 수 있었다.

　〈(오가면) 범죄인 명부〉에 실린 1919년 4월의 보안법 위반자 13명은 아마 이 봉화 시위와 관련 있는 것으로 보인다. 명부에 실린 이들의 이름과 나이를 살펴보면 오민영(50), 박치덕(34), 강덕몽(25), 이명노(27), 이순태(22), 고성보(33), 나덕재(29), 박영근(32), 김덕삼(42), 박인석(25), 전봉석(26), 윤희두(28), 박덕준(32)으로 20~30대가 중심이다. 직업란이 비어 있는 윤희두와 고성보, 직업란에 '무직'이라고 쓴 박덕준을 빼고 모두 농민이다.

● 일제강점기에 주세에 관해 과세 요건, 신고, 납부, 주류의 제조 면허 따위를 정한 명령.

그렇다면 이들 중 봉화 시위를 주도한 이는 누구일까? 오가면 신장리에 사는 강덕몽(姜德夢)이었을 것이다. 강덕몽이 받은 처벌이 다른 이들에 비해 무겁다. 보안법 위반으로 처벌받은 13명 모두 '태형(笞刑)'을 받았는데, 그중 7명은 30대, 5명이 60대에 머물렀다면 강덕몽만 90대를 맞았다. 강덕몽이 주동자, 60대를 맞은 5명(오민영, 박치덕, 전봉석, 윤희두, 박덕준)이 중간 주동자, 나머지는 단순 가담자였을 것이다.

나는 이 명부를 통해 3·1운동에 가담한 이들이 보안법 위반으로 처벌받았고, 처벌 형태는 주로 태형이었음을 직접 확인했다. 또한 이 13명의 기록 중 '판결 또는 즉결관청명' 항목에 모두 '예산헌병분대'라고 적은 사실을 통해 그들이 정식 재판으로 처벌받은 것이 아니라, 예산헌병분대에서 즉결 처분으로 태형당했다는 것을 규명했다.

한 달에 한 편씩 연재하던 〈레디앙〉에 이런 내용을 올린 며칠 뒤 국가보훈부에 근무하는 서동일 연구사로부터 한 통의 메일을 받았다. 명부 속 보안법 위반으로 처벌받은 분들, 곧 3·1운동에 참여한 이들이 아직 독립유공자로 포상되지 못했다며 정식으로 추천하고 싶다는 내용이었다. 그 뒤 나는 서동일 연구사와 십여 차례 메일을 주고받으며 의견을 교환했다. 원래는 2023년 8월 15일 광복절에 독립유공자 포상을 목표로 했으나, 대상자가 많아 3개월 후인 11월 17일 순국선열의날에 포상을 추진하는 것으로 방향을 바꾸었다. 결국 8개월간의 자료 조사와 심사를 거쳐 11월 17일 심사 대상 13명

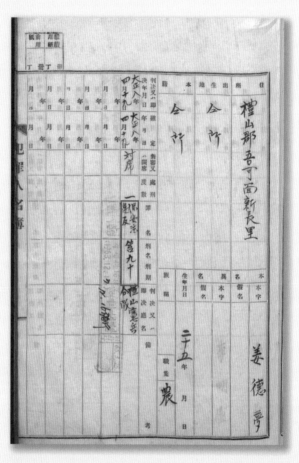

〈(오가면) 범죄인명부〉의 한 쪽. 25세의 강덕몽이 3·1운동에 참여했다가 체포되어 보안법
위반으로 태형 90대를 맞았음을 알 수 있다. 붉은 테두리 부분에 보안법 위반과 태형 90
대라고 쓴 것이 보인다. 2023년 국가보훈부가 오가면의 11명 독립유공자를 포상할 때
왜 90대 태형 처분을 받은 강덕몽을 대표로 하지 않고, 중간 주동자급으로 보이는 전혁
규(전봉석)를 대표로 했는지는 잘 모르겠다.

중 강덕몽, 고성보, 김덕삼, 나덕재, 박덕준, 박영근, 박인석, 박치덕, 오민영, 이명노, 전혁규(전봉석의 가명) 등 최종 11명이 독립유공자로 포상받았다.[*] 11월 15일 국가보훈부가 발표한 보도자료는 11명 중 전혁규를 대표로 해서 이들을 소개했다.

예산군 3·1운동의 단초를 제공한 전혁규 선생(대통령표창)

1919년 4월 충남 예산군에서 마을 주민들과 만세 시위에 참여하다 일본 헌병에 체포되어 잔인한 형벌인 태형을 받고 고초를 치른 전혁규 선생 등 11명에게 대통령표창이 추서된다.

선생은 1919년 예산군 장날 하루 전날인 4월 4일 만세 시위에 참여하다 체포되어 예산 헌병분대에서 즉결심판을 통해 태 30도를 받았다. 4월 4일 오가면 등 6개 면에서 동시다발적으로 발생한 만세 시위는 장날인 다음날(4월 5일) 더욱 격렬한 양상을 보였다. 당황한 일본 헌병대는 시위 군중에 무력 진압을 가해 다수의 중상자가 발생했다. 4월 4일 만세 시위는 예산 3·1운동의 단초를 제공한 셈이다.

원래 예산군 오가면의 만세 시위는 주도자, 시위 규모 등이 구체적으로 밝혀지지 않았는데, 과거 〈유 퀴즈 온 더 블록〉에 출연한 '역사 컬렉터' 박건호 한국외대 객원교수의 제보로 새로운 자료를 발굴함으로써

● 이날 포상된 독립유공자는 총 67명으로 건국훈장 11명(애족장), 건국포장 3명, 대통령표창 53명이었다. 〈(오가면) 범죄인 명부〉를 통해 독립유공자로 포상된 11명은 모두 대통령표창자였다.

활동의 전모가 밝혀짐은 물론 주도자 11명을 동시에 포상하게 되었다. '민관 협력'의 우수 사례로 자리매김할 전망이다.

이렇게 해서 나는 국가보훈부의 서동일 연구사와 소중한 인연을 맺게 되었고, 충남 예산군 오가면의 독립유공자 11명 및 그들의 후손들과 인연을 맺게 되었다. 이것이 옛 자료가 지닌 힘이다. 죽었던 자료는 이렇게 우연히 새 생명을 얻고 현재에 되살아난다. 예산군 오가면에서 3·1운동에 참여했다가 태형을 당했던 그들이 100년이 지나서 비로소 독립유공자로 선정될 수 있었던 것은 이 한 권의 〈(오가면) 범죄인 명부〉 때문이었다.

4

컬렉터의

필수 관문,

경매의 세계

경 매
그 오묘한
세 계

경매는 물품을 판매하는 방법의 하나로, 상품 가격을 판매자가 미리 정하지 않고 구매 희망자(입찰자)들이 희망하는 가격을 적어 내면 그중 최고가를 적은 입찰자에게 판매(낙찰)하는 방식이다. 오래전 수집의 세계에 입문한 나는 주로 온라인 경매를 통해 자료를 수집한다. 그래서 현장에 가지 않고도 자료를 수집할 수 있다. 내가 주로 이용하는 경매는 코베이옥션과 고서향 경매이고 메이저 경매인 서울옥션과 K옥션도 가끔 이용한다. 온라인 경매 외에 현장 경매 방식이 있는데 원리는 비슷하다. 일반적인 경매 절차는 물품을 사려는 사람들이 경쟁적으로 값을 올리면서 매수 청약을 하고 가장 높은 액수를 제시한 이가 최종 낙찰자가 되는 방식이다.●

경매 역시 시장 원리에 따라 움직이므로 수요와 공급의 법칙이 작동한다. 그래서 '보이지 않는 손'이 가격을 결정한다. 어떤 물건이 지나치게 비싸게 경매로 나온다면 구매자들은 입찰하지 않을 것이다. 그러면 유찰이 되고, 판매자는 판매를 포기하거나 가격을

● 반대 방식으로 이뤄지는 경매가 있다. 소위 '네덜란드식 경매(Dutch auction)'로, 낮은 가격에서 점차 높아지는 일반적인 경매 방식과 달리 높은 가격에서 시작해 점차 낮아진다. 즉 매도인이 처음에 자기가 생각하는 최고가격을 먼저 제시한 후 점차 낮은 가격을 불러 매수인이 그 가격을 받아들이거나, 가격이 너무 내려가 매물을 회수해야 할 정도에 이를 때까지 계속해서 가격을 깎아 나가는 방식으로 이루어진다.

113   컬렉터의 필수 관문, 경매의 세계

더 낮춰 다시 출품할 수밖에 없다. 반대로 경매에 좋은 물건이 싸게 나오면 많은 사람이 입찰에 참여하면서 가격이 점점 오르고 마침내 제 가격을 찾는다.

역사 자료나 미술품의 경매는 농산물, 부동산 등의 경매와 다른 특수성이 있다. 역사 자료나 미술품은 수량이 제한되어 있고 희귀한 물품을 다루는 경우가 많기 때문이다. '적정 가격'을 정하기가 쉽지 않다는 뜻이다. 크게 보면 역사 자료 경매 시장에도 시장 원리가 작동한다. 하지만 변수가 많다. 자료나 작품의 희귀도, 보존 상태, 수집가들의 선호도, 그 속에 있는 역사적 혹은 예술적 가치 등에 따라 예상을 뛰어넘는 상황이 발생한다.

그래서 비슷한 물품인데도 이전에는 낮은 가격에 거래되었던 것이 몇 년 뒤에는 몇 배, 몇십 배의 가격으로 거래될 때가 있다. 마치 주식시장의 테마주처럼 한때는 인기 있는 수집 품목으로 각광받다가 얼마 뒤에는 관심의 대상에서 사라지곤 한다. 일종의 유행 같은 것이다. 이와 반대로 큰 가치를 가진 물건이 컬렉터들의 관심을 끌지 못할 때가 있다. 결국 그 물건은 가치를 인정받지 못한 채 사장되는 운명을 맞는다. 그러면 시작가 정도의 싼 가격으로 그 물건을 낙찰받을 수 있다. 이렇게 물품 가격이 안정적이지 않고 변수에 따라 심하게 요동치는지라 적정 가격을 종잡을 수 없는 게 경매 시장의 얄궂은 특징이다. 오랫동안 수집해 온 처지에서 보면, 오히려 이것이 경매 시장이 가진 오묘한 매력이다.

가격이 합리적 예상을 벗어나는 경우는 종종 수집가들의 욕심이 충돌해서 생기기도 한다. 열정적인 수집가 2~3명이 우연히 한 물품을 사이에 두고 치열한 경쟁을 벌일 때 가격은 예상치를 뛰어넘어 천정부지로 치솟는다.

경매는 입찰 가격의 공개 여부에 따라 공개 입찰 방식과 비공개 입찰 방식으로 나누기도 한다. 오프라인 경매가 공개 입찰 방식의 대표적인 예다. 시작가를 지정한 후 경매사가 실시간으로 호가를 올리며 입찰자가 있는지 조사한다. 이때 입찰자는 자기를 나타내는 번호판을 들어 입찰 의사를 표시할 수 있다. 이 과정을 낙찰자가 결정될 때까지 계속한다.

이와 달리 입찰자들이 서로의 입찰가를 알 수 없도록 하는 방식이 비공개 입찰로, 법원 경매 등 국가 공매가 비공개 입찰로 진행된다. 수집가들이 많이 이용하는 온라인 경매도 비공개 입찰로 진행된다. 다만 실시간으로 현재 최고가가 얼마인지를 공개한다. 비공개 입찰 방식은 다시, 낙찰가를 어떻게 정하는가에 따라 최고가격 경매와 차순위가격 경매로 나뉜다. 최고가격 경매는 참여자 모두 입찰가를 비공개로 적어 내고 마감 시간 기준으로 가장 높은 가격을 적어 낸 사람이 낙찰받는 방식이다. 최고가격 경매는 결정적인 단점이 있는데, 입찰자로서는 입찰가를 정하기가 쉽지 않다는 점이다. 최종 경쟁자보다 조금만 높게 적어 내는 것이 최선일 텐데 경쟁자가 적어 내는 금액을 알 수 없기 때문이다.

• 2014년에 최고가격 경매로 팔린 서울 삼성동 한국전력 부지는 현대차가 10조5,500억 원에 낙찰받았다. 두 번째 금액으로 추정되는 삼성전자 입찰가가 이후 언론을 통해 알려졌는데

이러한 최고가격 경매의 단점을 보완한 방식이 차순위가격 경매다. 이 방식은 최고가를 적어 낸 사람이 낙찰받되 차순위자가 적어 낸 금액으로 낙찰가를 결정한다. 차순위가격 경매는 이를 개발한 윌리엄 비크리(William Vickrey)의 이름을 따서 '비크리 경매'라고도 부른다. 이 방식으로 경매하면, 입찰자들은 터무니없이 싼 가격을 제시해 자신이 인식한 가치보다 낮은 가격으로 물건을 남에게 빼앗길 위험을 무릅쓰기보다는 합당한 가격을 제시할 가능성이 크다. 온라인 경매는 대부분 비크리 경매 방식이다.

다음은 비크리 경매와 관련한 일화다. 2024년 6월 코베이옥션에 옛 호적 문서가 한 점 올라왔다. 시작가는 1만 원. 조선 후기 손운억이라는 사람의 호구단자*로 보통의 호구단자보다 조금 큰 것 외에는 특별하지 않았다. 보통 이런 호구단자는 싸게는 1만 원, 비싸야 10만 원을 넘지 않는다. 그런데 이 문서에서 흥미로운 기록이 눈에 띄었다. 바로 문서의 왼쪽 아래에 있는 '잔자리'라는 여종의 이름이다. '자리'를 한자로 "自里"라고 썼고, '잔'은 옥편에 없는 글자라서 '自' 아래에 '숨을 은(隱)'의 좌부변인 '부(阝)'를 붙였다. 평소 노비 이름에 관심이 많은 나는 이 이름이 무슨 뜻인지 궁금했다.

흔히 노비 이름을 지을 때 동물 이름을 붙이는 경우가 많다. 강아지(江牙之), 도야지(道也之; 돼지), 송아지(松牙之), 두꺼비(斗去非), 개놈

4조6,700억 원이었다. 결과적으로 현대차는 삼성의 입찰가를 알았다면 지급할 필요 없었을 6조 원 가까운 돈을 써야 했다.

● 고려시대와 조선시대에 호주가 정기적으로 자기 집의 인적 사항과 조상 내력, 소유한 노비 등을 적어서 관에 제출한 문서를 말한다. 관청에서는 호구단자를 바탕으로 호적을 작성했다.

이(介老未) 등. 더 비천하게 지은 이름으로는 동물 똥과 생식기를 연결한 것이 있다. 개똥(介同, 犬屄), 말똥(末同, 馬屄), 소똥(牛屄), 개조지(介助之), 개부리(介夫里; 개불알), 소부리(牛夫里; 소불알), 거시기(巨時只) 등. 신체 특징을 붙인 이름으로는 점이(點伊), 큰점이(大點伊), 작은점이(小點伊), 작은노미(自斤老未, 小老未), 큰노미(大老未), 얼빡이(蟚博伊) 등이 있다. 주로 담당하는 일이나 생활 도구를 따서 이름을 붙이기도 하는데 마당쇠(馬堂金), 귀이개(貴只介), 소쿠리(小古里), 화덕(禾里德), 술동이(愁里同伊) 등이다.

이런 계통의 흥미로운 이름으로 '광자리(光自里)'가 있다. 여기서 '광'은 빛을 뜻한다. 이를 훈독하면 빛자리 곧 빗자리(빗자루의 사투리)가 되는데, 마당을 쓴다고 해서 붙인 마당쇠와 비슷한 뜻이다. 평생 빗자루라는 도구 이름으로 불린 노비의 심정은 어땠을까?

이런 노비 이름 계보를 알고 있는 나에게 잔자리는 생소했다. 호기심이 발동했다. 그래서 이쪽에 밝은 선배에게 문의했으나 역시 처음 본다는 답변이 돌아왔다. 하늘을 나는 잠자리를 생각해서 붙인 것 같지는 않았다. 이 노비가 여성이므로 이불이나 베개 등 잠자리를 돌보는 일을 한 것은 아니었을까? 그래서 빗자리가 마당을 쓰는 남자 종의 이름이라면, 잔자리는 상전의 잠자리를 살피는 여자 종의 이름이라고 잠정적으로 결론 내렸다.

어쨌든 나는 이 문서를 수집하기로 마음먹고 입찰 상황을 살폈다. 역시 보통의 호구단자처럼 입찰가가 그리 높지 않았다. 입찰 단위가 1,000원이라 11,000원, 12,000원, 13,000원 이렇게 1,000원씩 천천히 올랐고, 마감 시간 3분 전에 최고가는 8만8,000원이었다. 이럴 때 8만8,000원의 두 배인 17만6,000원에 조금 더 돈을 보태면 대체로 낙찰받을 수 있다. 내가 경험을 통해 체득한 방법이다.

나는 마감 2분을 남기고 18만8,000원을 적어 냈다. 최고가였다. 이 정도면 충분히 낙찰받을 수 있을 것 같았다. 그런데 얼마 지나지 않아 나보다 더 높은 금액을 적어 낸 사람이 있는지 더 높은 가격이 떴다. 추월당했다는 뜻이다. 승리욕이 발동한 나는 더 높은 입찰가를 적어 냈다. 21만2,000원, 그런데 차순위 금액이라는 안내문이 떴다. 이럴 리가 없는데? 다시 22만5,000원. 이번에도 똑같은 안내문. 다시 23만3,000원에 입찰, 역시 차순위. 보통 일어나지 않는 일이었다. 독한 경쟁자를 만난 것이다. 저 문서의 가치는 아무리 높아도 20만 원을 넘지 않는다. 마감 시간이 임박해서 마지막으로 24만6,000원에 입찰했다. 역시 결과는 차순위. 이렇게 나는 수집에 실패하고 말았다.

경매가 끝나면 입찰자들에게 입찰자 ID, 입찰 일시, 입찰 금액, 접속 IP 등 전체 입찰자의 정보를 공개한다. 호기심이 생겨 그걸 열어 봤다. 호구단자 경매에는 나를 포함해 14명이 참가했고, 입찰 횟수는 31회였다. 낙찰받은 사람은 14번 입찰자였다. 나는 14번의 입찰 정보를 보고 어처구니가 없어 픽 웃고 말았다. 그리고 내뱉은 한마디.

"이런 미친!"

그가 적어 낸 입찰가는 81만 원도, 810만 원도 아닌 8,111만9,000

원이었다. 독자들께서는 앞에서 설명한 비크리 경매 방식을 떠올려 낙찰가가 어떻게 되는지 맞춰 보시라. 비크리 경매는 차순위자가 적어 낸 금액으로 낙찰가를 결정하므로, '미친' 14번 입찰가가 적어 낸 돈은 약 8,100만 원이지만 낙찰가는 차순위인 내가 마지막으로 적어 낸 24만 6,000원이다.

이렇게 생각해 보자. 나 역시 저것을 꼭 수집하고 싶어서 200만 원을 적어 냈다고 하자. 그러면 낙찰가는 200만 원으로 치솟는다. 그럼 14번의 선택지는 두 가지다. 하나는 200만 원(수수료를 포함하면 약 220만 원)을 내고 자료를 구매하든지, 아니면 기한 내 입금을 하지 않음으로써 구매를 포기하는 것이다. 물론 후자는 신용도에 영향을 끼쳐 향후 입찰 제한 등 패널티를 감수해야 한다.

그나저나 14번 입찰자는 왜 저렇게 무리한 액수를 적어 냈을까? 단순한 실수였을까, 아니면 승리욕이 작동해 아무렇게나 적어 냈을까? 그도 아니라면 꼭 수집해야 할 무슨 특별한 이유가 있었을까? 참으로 궁금하다.

컬렉터의 필수 관문, 경매의 세계

내 가
수 집 하 지
않 는   것

사람들은 묻는다, 어떤 것을 수집하냐고. 그리고 또 묻는다, 옛날 것 모두가 수집 대상이냐고. 나는 답한다. 아무것이나 수집하는 게 아니라고, 그리고 옛날 것이라고 무조건 수집하지는 않는다고. 수집은 선별 과정을 거칠 수밖에 없다. 마지막 순간까지 고르고 또 골라야 한다. 처한 현실적 제약 때문이다.

수집에는 일정한 기준과 원칙이 있다. 모든 수집가는 자기만의 규칙을 정하고 그에 맞춰 컬렉션 생태계를 구축한다. 먼저, 내가 수집하지 않는 것들부터 말해 보자. 그것을 뒤집으면 무엇을 수집하는지가 자연스럽게 나올 것이다.

첫째, 부피가 큰 것을 수집할 수 없다. 아무리 가치 있더라도 큰 것은 피해야 한다. 감당할 수 있는 곳에서 수집하도록 양보하는 것이 옳다. 수집은 수집으로 끝나지 않는다. 보관과 활용까지 모두 고려해야 한다. 보관 혹은 보존 대책 없는 수집은 무책임하고, 활용 계획 없는 수집은 공허하다. 수집과 보관, 활용은 하나로 연결된 유기체다.

수집 초기 컬렉터들이 직면하는 문제는 수집품을 어디에 보관할 것인가. 활용 계획은 조금 미룰 수 있지만 보관·보존은 수집과 동시에 해결해야 한다. 처음 수집 세계에 입문할 때는 수집하는 재미에 빠져 다른 것들을 미처 생각할 겨를이 없기 마련이다. 보관 공간 역시 고려 대상이 되지 않는다. 몇 개 되지 않는 초라한 수집품 가지고서 그런 문제를 고민하는 건 사치다. 그러나 화무십일홍이고, 봄 여름 가을 지나면 추운 겨울이 오는 법. 수집가들은 세월이 흘러 어느 순간 수집품이 점령군처럼 자기 생활 공간 대부분을 차지해 버렸다는 사실을 깨닫는다. 아뿔사! 이미 늦었다. 수집가는 그 순간 선택의 갈림길에 선다. 자신과 가족이 나가든지 수집품이 나가든지 하나를 선택해야 한다. 그렇지 않으면 가족과의 갈등으로 수집을 계속할 수 없다. 누구도 수집 때문에 가정이 깨지는 상황을 바라진 않을 것이다.

그래서일까. 내가 아는 컬렉터들은 한결같이 생활 공간과 별도로 보관 장소를 가지고 있다. 수장고 혹은 소장고라고 할 만한 그럴듯한 건물 형태가 어려우면 컨테이너라도 임대한다. 컬렉터 대다수의 꿈은 자기 수집품으로 박물관을 만드는 것이다. 컬렉터는 사람들이 반 선망과 반 감탄의 눈으로 자기 수집품을 감상하고 품평하는 것을 뿌듯해 하고 행복해 한다. 그러나 박물관 건립이 그리 호락호락한 일인가.

경기도 고양시에 중남미문화원이라는 박물관이 있다. 정확히 말하면 박물관만 있는 것이 아니라 미술관, 종교 전시관, 조각공원 등이 아우러져 있다. 외교관 출신의 이복형 원장과 그의 아내 홍갑표 이사장이 40여 년 동안 수집한 중남미 유물들을 전시한다. 이 문화원이 세워진 것은 1995년, 그들이 이미 환갑을 훌쩍 넘겼을 때다.

자료 수집을 포함해 부지 조성, 식재 등 문화원 설립 준비에만 꼬박 20년이 걸렸다.

중남미문화원을 둘러보면 컬렉터의 꿈이 얼마나 아름답게 구현 될 수 있는지 느낄 수 있다. 원대한 꿈을 꾸고 그 꿈을 이루기 위해 뜨거운 열정으로 숱한 난관을 극복한 결과물이다. 몇 년 전 이곳을 찾았을 때 당시 구순을 목전에 둔 홍갑표 이사장은 자서전에 이런 글귀를 적어 주었다. "함께 꿈을 꾸며 함께 행복합시다." 여전히 그 녀는 꿈을 이야기하고 있었다.

그러나 중남미문화원 설립은 매우 드문 사례다. 컬렉터 대부분 은 박물관 건립의 꿈을 이루지 못한 채 말년에, 자기가 수집한 물품 을 박물관에 기증하거나 눈물을 머금고 싼값으로 처분한다. 나는 이런 사실을 일찍 깨달았다. 아니 '우연히 그렇게 되었다'라고 하는 편이 더 맞을 것이다.

나는 수업 시간에 학생들에게 보여 주며 설명할 참고 자료로 쓰 기 위해 수집을 시작했다. 그러니 수집품이 애당초 커서는 안 된다. 큰 호박만 한 크기의 달항아리를 들고 강의실에 들어갈 수는 없지 않은가? 병풍을 펼쳐 놓고 수업할 수는 없는 노릇 아닌가? 손에 휴 대할 만한 크기의 서류 종류나 호패, 오래된 책 중심으로 모으다 보 니 부피 문제는 저절로 해결되었다. 그래서 나는 별도 공간을 마련 할 필요 없이 생활 공간 속에 수집품과 함께 공생하는 몇 안 되는 컬렉터가 될 수 있었다.

둘째, 너무 비싼 것을 수집할 수 없다. 당연한 이야기다. 수집가들은 대체로 돈이 없다. 곁에서 보면 돈이 많아서 수집하는 것처럼 보여도 사실은 수집하느라 늘 돈이 없다. 컬렉터 대부분은 수집 자체를 즐기는 사람이지 수집품을 팔아 돈을 벌겠다는 사람이 아니다. 혹시 주변에 자기 수집품을 자랑하면서 얼마 얼마를 남발하는 이가 있다면 경계해야 한다. 진짜 컬렉터는 그렇게 떠벌리지 않는다. 컬렉터는 갖춰야 할 품격이 있다. 수집 결과 그것이 어쩌다가 부(富)를 가져다 줄 수 있지만 처음부터 그것을 목표로 달려들지 않는다.

컬렉터는 비용이 허락하는 한도 안에서 수집할 수밖에 없다. 철저한 구매 계획과 지출 배분을 해야 하는 이유다. 한번 수집하면 수집품을 팔기가 쉽지 않다. 하루에도 수백, 수십만 주가 거래되는 주식시장과 달리 옛 역사 자료나 물품을 경매하는 시장은 그리 뜨겁지 않다. 100만 원에 수집한 수집품인데 10만 원에도 못 팔 수 있다. 수집은 오랫동안 보유하는 것을 전제로 이뤄진다. 상당 기간 돈이 묶인다는 뜻이다. 풍차를 향해 호기롭게 달려가는 돈키호테가 되어서는 안 된다. 큰 비용을 들여 산 수집품이 나중에 제값을 받지 못하고 헐값에 팔렸을 때 얼마나 상심이 크겠는가. 이런 경험을 초기에 몇 번 겪고 나면, 그는 수집 세계에 발도 제대로 붙여 보지 못한 채 저주의 말과 함께 이 세계를 떠날 것이다. 그러므로 욕심부리지 말고 한 달에 얼마 정도 안에서 수집하겠다는 계획을 세우고 실행해야 한다. 지속 가능한 수집을 위해서는 이 원칙을 지켜야 한다. 수집은 조금씩 조금씩 모아 가는 것이고, 그 과정에서 쏠쏠한 즐거

경매에 나온 제4대 정부통령선거 포스터로 원본 포스터를 그대로 인쇄 출력한 것(가로
20cm, 세로 27cm)(왼쪽). 현재 대한민국역사박물관 소장의 포스터로 왼쪽 경매 물품의 원본
자료(가로 54.4cm, 세로 78.5cm)(오른쪽). 컴퓨터 화면상으로는 두 자료의 구분이 쉽지 않다.

움을 맛보는 것이다. 하나하나 채워 가는 즐거움이 수집의 진짜 맛이다. 한 번에 누군가의 수집품을 몽땅 사들이는 것은 진정한 수집이라 볼 수 없다. 그것은 그냥 구매일 뿐이다.

셋째, 가치나 진위가 불분명한 것을 피하려고 노력한다. 수집품이 거래되는 시장에는 위작과 가짜가 넘쳐난다. 처음 수집에 입문하는 이들이 꼭 치르는 비싼 수업료는 여기서 발생한다. 특히 중국에서 흘러들어 온 도자기류의 상당수는 가짜라고 생각하면 된다. 그들은 위조해 만든 물건을 옛날 물건처럼 보이게 하는 신묘한 기술을 구사한다. 금속에 적절하게 녹을 입히는 기술도 가지고 있다. 그러니 어떤 물건이 마음에 든다고 하면 저건 가짜일 수 있다는 의심과 함께 검토를 시작해야 한다. 온라인 경매의 경우 화면상으로만 판단해야 하므로 가짜가 숨어 있을 공간이 더욱 많다.

내 경험담이다. 2015년에 이승만 대통령과 이기붕의 얼굴이 담긴 제4대 정부통령선거 포스터가 온라인 경매에 나왔다. 1960년 4·19혁명의 원인이 된 3·15선거 당시 자유당의 선거 포스터다. 포스터에는 "나라 위한 八十(80) 평생 합심하여 또 모시자", "트집 마라 건설이다"라는 구호가 보였다. 나는 고민하다가 경매에 참여해 27만 원에 낙찰받았다.

실물을 받고 보니 뭔가 이상했다. 포스터 오른쪽의 훼손된 부분이 매끈하다. 옛 종이가 훼손되면 그 부분에 미세하게나마 요철이 생기기 마련이다. 그런데 훼손된 흔적은 분명히 보이는데 만져 보면 매끈하다. 이건 뭐지? 그렇다. 옛 포스터를 똑같이 인쇄한 것이다. '복제(replica)'는 똑같이 만드는 것을 말하는데, 이 포스터는 복제도 아니고 그냥 프린트한 것에 불과했다. 검색하니 대한민국역사박물관 소장품과 똑같은 자료로, 원본 파일을 내려받아 프린트한 것으로 보였다. 컴퓨터 화면으로는 확인할 수 없는 성질이었다. 포스터의 크기도 전혀 달랐다. 박물관 소장의 포스터 원본은 규격이 가로 54.4cm, 세로 78.5cm인데 경매에 나온 것은 가로 20cm, 세로 27cm로 작았다. 판매자에게 프린트물을 팔면 어떻게 하느냐고 항의했다. 판매자는 원래 그런 형태로 수집한 것이라 자기도 잘 모르겠다고 발뺌했다. 어찌어찌해서 결국 환불받고 마무리했지만, 이런 말도 안 되는 일이 비일비재한 곳이 수집의 세계다.

그럼 어떻게 진위를 판단할 수 있을까? 먼저 의심부터 해야 한다. 그리고 자신을 맹신하지 말아야 한다. 위조품을 만드는 이들은 나보다 이 수집 세계에서 더 전문가고 교활하다. 나는 쉬운 사냥감이다. 그래서 꾸준히 공부해야 한다. 일단 털린 다음에 시행착오라 생각하고 공부해도 되지만 그때는 이미 영혼이 너덜너덜해진 상태일 것이다. 그렇게 되기 전에 공부하는 것이 지혜로운 길이다. 혼자하기 어려우면 주위에 전문가를 찾아 자문을 얻으면 좋다. 전문가는 그 분야에서 오랫동안 공력을 쌓으며 수집한 덕에 나름의 촉을 갖고 있다. 전문가를 통하면 100%는 아닐지라도 오류를 줄일 가능성이 높다. 전문가는 미지의 수집 세계를 헤매는 당신의 등대가 되어 줄 것이다.

진위 판단과 관련해 이런 것도 참고할 만하다. 어떤 물품이 마음에 들어 수집한다고 하자. 그런데 진위가 의심된다. 그러면 판매자가 어떤 물품들을 판매하는지 둘러보면 도움이 된다. 그가 판매하는 것들이 비슷비슷하게 출처 불명이고 중국산이 많이 섞여 있으면 가짜일 가능성이 높다. 반대로 판매자가 다루는 물건이 대체로 신뢰할 만한 것이면 이것도 진품일 가능성이 높다. 어차피 수집품의 수준은 컬렉터의 수준과 비슷하게, 물품의 수준은 판매자의 수준과 비슷하게 수렴하기 마련이다. 나는 진위가 의심되면 마지막으로 이 방법을 쓴다.

이런 과정을 거친 뒤에야 진위를 판정할 능력을 어느 정도 갖출 수 있다. 이 능력이 어느 정도 갖추어졌을 때 비로소 본격적인 수집이 시작된다. 그렇다고 능력을 너무 자신하면 안 된다. 활 쏘는 사람들이 하는 말이 있다. 발이부중 반구제기(發而不中 反求諸己). '저기에 활을 쏴서 명중하지 않으면 돌이켜 그 원인을 자기에게서 찾는다.' 어떤 일이 잘못되었을 때 남 탓하지 않고 자기의 자세와 실력에서 원인을 찾아 고쳐야 한다는 뜻이다. 수집도 이와 다르지 않다. 수집하고자 하는 물건이 끝내 나타나지 않음은 정성과 기다림이 부족한 것이고, 어떤 자료를 너무 비싸게 구했다면 성급함과 조급함을 다스리지 못한 것이다. 비록 값싸게 좋은 물건을 구했더라도 오만함에 빠지면 안 된다. 이처럼 수집은 끝없는 수행 과정이기도 하다.

나 는
무 엇 을
수 집 하 는 가

그렇다면 나는 무엇을 수집하는가? 너무 크거나 무거운 것, 너무 비싼 것, 진위가 애매한 것을 배제했으니 이제는 수집할 자료를 찾아보자.

첫째, 역사적 의미와 이야기를 풍부하게 담고 있어야 한다. 역사 컬렉터는 역사를 수집하는 사람이기 때문이다. 번잡하고 어려운 방식이 아니라 아주 간명한 내용과 형식으로 역사를 증언하는 자료라면 금상첨화다. 역사의 스냅숏으로 남아 한 시대를 설명하는 자료는 그 자체로 빛난다. 우리는 이런 자료를 통해 그 시대를 만날 수 있다. 일종의 타임머신이다.

대한제국 말 정미의병* 때 의병에게 납치된 일본어 통역관 조용익을 찾으라는 청주 군수의 훈령, 흥미롭지 않은가? 한국전쟁 중 남한 청년 권봉출이 인민군에 강제로 끌려간 뒤 거제도 포로수용소에서 고향 예천의 부모에게 보낸 편지, 읽기 전부터 설레지 않는가? 해방 직후인 1946년 1월 1일 신탁통치 반대를 이유로 익산군청 산림계 주사 전우경이 미군 도지사에게 제출한 사직서, 일제강점기 베를린 올림픽 마라톤에서 우승한 후 현지인에게 "한국인

---

* 1907년 고종의 강제 퇴위, 정미조약, 군대 해산 등을 계기로 일어난 의병으로 1909년 일제의 소위 '남한대토벌작전'으로 거의 소멸했다.

(Korean) 손긔졍"이라고 써 준 손기정의 서명지는 어떤가? 1944년 일본군에 징병되어 가면서 아내와 딸에게 남긴 김태봉의 유서는 어떠한가? 모두 가슴 떨리는 이야기를 담고 있고, 그래서 그 자체가 하나의 역사다. 이 자료들은 교과서가 채 담지 못한 당대의 이야기를 품고 있다. 자료들은 누군가가 자기 이야기를 풀어 다른 사람들에게 대신 들려주기를 하염없이 기다리고 있다.

둘째, 생활과 풍속의 변화, 거창하게 말하면 역사의 변화를 보여주는 자료들은 좋은 수집 대상이다. 이것들이 모이면 흐름이 되고 역사가 된다. 그래서 몇 개의 자료만 연속해서 모아도 시대의 변화를 볼 수 있다.

예를 들어 보자. 내가 수집한 자료 가운데 복식 변화를 담은 사진들이 있다. 오래전 여성들이 관광이나 계 모임에 갈 때 공식적 외출 복장은 한복이었다. 연례행사니만큼 한복은 최고의 예를 갖춘다는 뜻이었을 것이다. 그런데 어느 순간 한복 사이에 양장이 하나둘 나타나기 시작한다. 그리고 과도기를 지나면 한복은 거의 없어지고 양장으로 바뀐다. 내가 수집한 사진들에서는 1960년대 중반부터 1970년대 중반까지가 과도기다. 이런 사진들을 통해 생활 속에서 한복이 밀려나는 과정을 이해할 수 있다. 한 걸음 더 나아가 왜 하필 1960년대부터 그런 변화가 생겼는지 그 이유까지 규명할 수 있을 것이다.

내가 2020년에 낸 《컬렉터, 역사를 수집하다》에서 한 꼭지를 할애해 다룬 〈태극기가 걸린 결혼식장〉 사진도 그렇다. 결혼식 사진을 여러 장 수집하는 과정에서 태극기가 걸린 장면들이 눈에 띄었

 옛 사진을 통해 해방 이후 여성들의 외출, 모임 복장이 어떻게 변화했는지를 한눈에 살
펴볼 수 있다. 처음에는 한복 일색이다가 1960년대 중반에서 70년대 중반경 대략 반반
섞인 모습을 보이다가 이후부터 한복은 급격히 사라진다. 이렇게 비슷한 주제의 자료들
을 모으면 생활 풍습의 변화를 쉽게 확인할 수 있다.

다. 그런데 1970년대 사진일 것이라는 예상과 달리 사진들은 주로 1950년대 것이었다. 일제강점기에 처음 등장한 신식 결혼의 영향이었다. 당시 결혼식장에서는 일장기를 걸었는데 해방 후 태극기로 교체한 것이다. 이 태극기는 1960년대 이후 점차 결혼식장에서 퇴출당했다. 이 변화의 흐름이 사진 속에 담겨 있었고, 나는 수집을 통해 이런 변화를 읽어 낼 수 있었다.

셋째, 벼락같이 '발굴의 즐거움'을 안겨 주는 자료다. 사실 역사 자료 수집의 진짜 즐거움은 여기에 있다. 무심코 지나칠 뻔한 물건이었는데 알고 보니 중요한 자료인 경우가 있다. 뜻하지 않게 발견한 이러한 자료는 마치 보물을 찾은 탐험가가 느낄 만한 짜릿함을 선물한다. 프랑스 장 피에르 죄네(Jean-Pierre Jeunet) 감독의 2001년 영화 〈아멜리에(Amelie)〉에서 아멜리에가 '보물 상자'를 발견했을 때의 마음과 비슷할 것이다. 뜻하지 않게 소중한 물건을 발견했을 때의 기쁨과 호기심은 아멜리에가 느낀 것만큼이나 나를 흥분시킨다. 탐정과 같은 진정되지 않는 호기심이 마음을 뒤흔든다. 보물 상자를 발견한 아멜리에가 원래 주인에게 돌려주고 행복감을 느끼는 것처럼 나도 우연히 수집한 중요한 역사 자료를 다른 방식으로 주인에게 돌려주리라 마음먹는다. 즉, 그 자료에 담긴 소중한 이야기를 역사적 맥락 속에서 먼지를 털어 내고 재구성해 이 세상에 들려주리라 다짐한다.

뜻하지 않게 소중한 역사 자료를 발굴한 일이 종종 있었다. 그중 오래전 수집한 사진 한 장이 떠오른다. 20여 년 전 온라인 경매에

허름한 옛 사진 한 장이 올라왔다. 낡은 액자에 들어 있는, 누군가 태극기를 배경으로 연설하는 장면이었다. 그는 콧수염을 멋있게 기른 30~40대로 보이는 남성이다. 뒤에는 황국신민화 교육을 반대하는 구호가 적혀 있다. 처음 보는 순간부터 심상치 않음을 느꼈다. 그런데 연설하는 이 남자, 어디서 많이 본 얼굴이다. 누굴까, 누굴까? 혹시 (김)무정 장군? 일제강점기에 중국에서 활동한 전설의 독립운동가, 대장정에 참여한 몇 안 되는 한국인, 일제강점기에 김원봉·김일성과 함께 무장 독립군의 '3김 장군'으로 불린 인물, 연안파의 핵심으로 해방 후 북한으로 들어와 한국전쟁 때는 인민군 2군단장으로 활동하고 그 뒤 숙청된 인물.

무정이라고 판단한 나는 이 사진을 액자와 함께 헐값에 낙찰받았다. 사진을 배송받고 혹시나 리프린트한 것이 아닌가 싶어 꼼꼼히 살펴봤다. 당시 사진이 분명했다. 사진이 담긴 액자도 족히 몇십 년은 된 듯했다. 게다가 이전에 공개된 적 없는 사진이었다. 전설의 독립운동가 무정 장군의 사진 원본을 발굴하다니! 사진 속 인물이 얼굴이 닮았다는 점 말고 무정 장군임을 말해 주는 결정적인 내용이 있었다. 사진을 확대해서 꼼꼼히 살펴보니 사진 속 인물이 연설하는 책상 앞에 식순을 쓴 종이가 붙어 있다. 8번째 순서로 "무정 동무 강화"라고 쓰여 있다.

도대체 이 사진이 어떻게 경매에 나왔을까? 액자가 꽤 낡았는데 누가 소장했던 것일까? 무정 장군은 남한에서는 별로 알려지지 않았고, 고향이 북쪽이라 친척이 남한에 거의 없을 텐데 이상한 일이

내가 우연히 수집한 사진으로 1940년대 무정이 연설하는 장면이다. 얼굴도 비슷한 데다
가 연설하는 책상 앞에 붙은 식순의 8번째 순서로 "무정 동무 강화"라고 쓰인 것으로 봐서
무정임을 알 수 있다. 이 사진이 어떻게 경매에 나오게 되었는지는 지금도 미스터리다.

다. 혹시 숙청당한 무정의 가족이나 친척이 가지고 있었을까? 중국 조선족 동포가 들여와서 판 것일까? 그러기에는 가격이 그렇게 비싼 것이 아니지 않은가? 그 경위는 도저히 알 수 없지만 이 사진을 처음 발굴했다는 점만은 나에게 큰 기쁨이었다.

이 사진에는 지금과는 다른 형태로 사괘를 그린 태극기가 걸려 있고 이를 배경으로 무정이 연설하고 있다. 뒤에는 큰 글씨로 "조선 학생에 대한 일본 파시스트의 노화(奴化; 노예화) 교육, 소위 「황국신민화 교육」을 반대하자"라고 쓴 현수막이 걸려 있다. 왼쪽에는 "0000 청년 단결 만세"라는 글귀가 보인다. '청년'이라는 단어로 보아 무정이 관여했던 화북조선청년연합회 행사 같다. 찾아보니 중국 교포 학자가 쓴 어떤 책에 이런 대목이 나온단다. 내 추측이 대략 맞았다.

1941년 1월 10일, 태항산 항일 근거지의 진동남팔로군전선 총사령부 소재지에서 화북조선청년련합회 제1차 대표대회가 열렸다. 대회에서 회장으로 당선된 무정 동지는 화북조선청년련합회 행동강령과 과업을 진술하면서 간부 양성과 조선 혁명 단체의 통일, 화북 20만 조선 동포들은 항일 투쟁에로 뭉쳐야 함을 강조하였다.[*]

수집한 사진은 1941년 화북조선청년연합회 제1차 대표대회에서

• "[백년백인]전설의 영웅 무정장군", 〈길림신문〉 2013.6.4.

컬렉터의 필수 관문, 경매의 세계

회장으로 선출된 무정이 연설하는 장면이었을 것이다. 이 사진은 몇 년 후 대한민국역사박물관에 매도되어 결국 내 손을 떠났다. 살다 보면 이렇게 '로또' 맞는 일이 가끔 있다. 우연히 대단한 자료를 만나는 경험, 그 속에서 느끼는 흥분과 감동이야말로 수집의 진짜 맛이다. 이것이 수집을 계속 이어가는 이유이자 원동력이다.

넷째, 프로파간다(propaganda)를 통해 사실을 가리고 왜곡하는 자료들이 수집 대상이다. 내가 '거짓의 증거'라고 이름 붙인 것들이다. 이런 거짓의 증거들과 함께 그것들을 반박할 수 있는 자료들도 함께 수집하고자 한다. 이는 역사의 진실을 남기고 증언하고자 하는 역사 컬렉터로서 일종의 의무감 같은 것이다.

일제 강점 말기, 특히 중일전쟁 이후의 〈동아일보〉, 〈조선일보〉는 하나의 수집 사례다. 이 신문들은 늘 자랑스럽게 말해 왔다. 자신들은 1940년 일제의 탄압으로 강제 폐간되었고, 이를 통해 자신들이 항일 민족 언론이었음을 증명할 수 있다고. 그러나 사실은 그 반대다. 중일전쟁 이후 급격히 친일화한 이 신문들은 더 이상 비판적 언론 기능을 상실했고, 조선총독부의 기관지 〈매일신보〉와 별반 차이가 없었다. 그러니 총독부로서는 전시 물자가 부족한 급박한 시국에 같은 논조의 신문이 여럿 있을 필요가 없었다. 이런 이유로 1940년 두 신문은 자진 폐간 방식으로 얼마간의 돈을 받고 폐간한 것이다. 이런 폐간 과정을 조금만 살펴도 이것은 친일의 증거가 될 뿐 항일의 증거라고 자랑할 일은 아니다. 이들이 그 시기의 언론 활동에 대해 사과할 요량이 아니라면 차라리 가만히 있는 게 좋았을 것이다. 그러면 일제강점기에 언론사 하려면 어쩔 수 없이 그 정도 친일은 불가피했다고 현실적 이유를 들어 이해하고 편들어 주는 사람도 생기지 않겠는가? 그러나 이들이 항일 언론으로 일제와 맞서다가 강제 폐간되었다고 선전하는 것은 후안무치이며 명백한 역사 왜곡이다. 이런 이유로 일제 강점 말기 이들의 친일 언론 활동의 증거들을 수집하는 것은 이들의 거짓 주장에 맞서 '역사의 진실'을 남긴다는 의미가 있다.

사람은 어떻게든 자기 흔적을 남긴다. 그것이 기록이든 음성이든 사진이든 영상이든. 그런데 이렇게 남긴 자료들이 모두 진실을 담고 있다고 생각하면 안 된다. 역사 컬렉터가 갖추어야 할 자격 중 하나가 이런 자료들의 진위를 가리는 것이다. 사회적 기억을 바탕으로 역사는 쓰이지만 정확하지 않다는 것이 문제다. 왜냐하면 객관적이라고 평가되는 기록조차 믿을 수 없는 경우가 허다하기 때문이다. 자료 비판, 자료 분석은 그래서 필요하다. 아주 사소하지만 그것을 당대의 사람이 아니라면, 전후 맥락에서 설명하지 않는다면 놓치는 내용이 있다. 이것을 다 놓치고 건너뛰면 신화가 만들어진다. 힘세고 목소리 큰 자들의 기록만 진실인 양 행세하게 된다. 그러므로 역사의 증거나 증언이 될 만한 자료를 영원히 함께 남겨야 한다. 명백히 거짓을 담고 있으면서도 진실인 것처럼 위장한 '거짓의 증거'를 훗날을 위해 수집하고 보존해야 한다.

역사의 오류를
담고 있는
자료

화폐 수집가는 '에러 화폐' 수집에 많은 돈을 치른다. 희귀하기 때문이다. 잘못 만든 화폐를 에러 화폐라고 하는데, 옆으로 돌렸을 때 앞면과 뒷면이 180° 뒤집힌 화폐, 중심점이 맞지 않는 동전, 이중 삼중 여러 번 압인된 주화, 측면의 홈 파임이 잘못된 화폐 등 다양하다. 이런 에러 화폐 중 희귀한 것은 매우 높은 가격에 거래된다.

지금까지 최고로 비싸게 팔린 에러 화폐는 델몬트 상표가 들어간 미국의 20달러짜리 지폐다. 흔히 '델몬트 지폐(Deimont Note)'라고 부른다. 이 지폐는 2004년 미국 오하이오주의 한 대학생이 현금 인출기에서 찾은 돈에서 우연히 발견되었다. 1996년 미국 조폐국에서 발행한 이 지폐가 특별한 까닭은 델몬트 스티커를 붙인 채 인쇄된 점도 있지만, 재무부의 지폐 승인까지 모든 검수 과정을 통과했기 때문이다. 지폐에 어떻게 스티커가 붙었는지는 아직도 미스터리다. 2021년 1월 헤리티지 경매에 나온 이 지폐의 최종 낙찰가는 39만6,000달러(한화로 4억3,700만 원)이었다. 액면가의 무려 1만9,800배에 이른다.

내가 관심을 두고 수집하는 것에는 '역사의 오류'를 담고 있는 자료들이 있다. 위에서 소개한 에러 화폐라는 말을 빌려 표현하면 '에러 자료'인 셈이다. 역사의 오류? 에러 자료? 이런 자료들을 보면 한 치 앞을 내다보지 못하는 인간의 한계를 절감할 수 있다. 나는 수집을 통해 인간의 미래 예측이 얼마나 자주 빗나가는지를 볼 수 있었다. 자료 중에 이런 것들을 심심치 않게 찾을 수 있다. 의도하지 않았지만, 예정대로 일이 진행되지 않아 결과적으로 역사를 잘못 증언하는 사례 말이다.

먼저, 한국전쟁과 관련한 자료 두 점으로 하나는 지도고 하나는 우표다. 전쟁 중 발행된 지도나 우표 중에는 역시 의도하지 않았지만 제대로 역사를 반영하지 못한 것들이 꽤 있다. 당시 전쟁 상황이 워낙 가변적이었기 때문이다.

내가 수집한 지도부터 보자. 〈최신조선형세지도(最新朝鮮形勢地圖)〉는 중국 상하이에서 만들어진 것으로 발행일은 1950년 7월 28일이다. 한국전쟁이 일어난 지 한 달이 갓 지난 때다. 당시 북한 인민군은 파죽지세로 남진을 거듭하다가 낙동강을 사이에 두고 국군 및 유엔군과 대치하고 있었다. 이제 북한에 의한 통일이 임박한 상황이었다. 그래서인지 이 지도는 한반도 위에 "朝鮮民主主義人民共和國(조선민주주의인민공화국)"이라는 하나의 국명과 하나의 국기(인공기)만 표시하고 있다. 지도상에서 대한민국은 완전히 사라졌다. 이 지도에서 또 하나 흥미로운 점은 수도를 평양으로 표시하고 있다는 것이다. 서울을 그냥 주요 도시로 표시한다. '남조선을 해방했다'는 기쁨이 그렇게 컸을까? 이 열기는 북한 헌법마저 무력화하고 있다. 1948년 제정된 북한 헌법 제103조는 "조선민주주의인민공화국의 수도는 서울이다"라고 규정했고, 이는 1972년 헌법이 개정

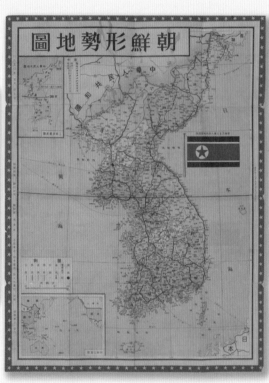

〈최신조선형세지도(最新朝鮮形勢地圖)〉의 표지(왼쪽)와 펼쳤을 때의 지도(오른쪽). 북한에 의한 남북통일을 기정사실로 해서 만들었다. 평양을 수도로 표시한 점도 흥미롭다.

될 때까지 유지되었다.

이 지도는 상해신문화서사(上海新文化書社) 출판, 통련서점(通聯書店) 발행으로 적혀 있다. 중국의 정부 기관과 관련 있는지, 아니면 순수하게 민간에서 만든 것인지 명확하지 않다. 또한 북한이 이런 지도 제작에 어떤 정보를 제공했는지도 알 수 없다.

그럼에도 이 지도에는 당시 북한과 사회주의 동지국이었던 중국이 느낀 '사회주의 승리'의 감격이 반영된 것은 확실해 보인다. 그래서 전쟁이 일어난 지 한 달이 지난 시점에 서둘러 이 지도를 만들었을 것이다. 지나치게 서둘렀기 때문일까? 내지의 큰 지도 왼쪽의 〈공업및농산도(工業及農産圖)〉라는 작은 첨부 지도에서는 남북을 아우르는 국명을 "朝鮮民主主義人民和共國(조선민주주의인민화공국)"이라고 적었다. 공화국을 '화공국'으로 잘못 적은 것이다.

그들은 예상했을까? 그로부터 고작 2개월 뒤 인천상륙작전과 9·28 서울 수복, 그리고 10월 1일 38선 돌파와 북진으로 전세가 완전히 역전되리라는 사실을. 결국 이 지도가 말하는 '조선민주주의인민공화국에 의한 한반도 통일'이라는 역사는 실제로 일어나지 않았다. 의도하지 않았지만, 이 지도는 결과적으로 제대로 된 역사를 증언할 수 없었고 '역사의 오류'로 남았다.

전쟁 중 대한민국 정부가 발행한 〈국토통일기념우표〉도 내가 흥미롭게 수집한 자료다. 국군과 유엔군은 1950년 10월 초, 38선을 돌파해 북한의 수도였던 평양을 점령하고 드디어 10월 26일 압록강에 도달했다. 북진멸공통일을 신념으로 삼았던 이승만 대통령은 당시 남한에 의한 북진통일 완수를 '확신'했다. 단기 4283년(1950) 11월 10일 발행된 3종의 우표는 백두산 천지에 태극기가 나부끼는 그림, 한반도를 가운데 두고 유엔기와 태극기가 좌우에 있는 그림, 이승만 대통령의 초상이 가운데 들어간 그림으로 되어 있다.

당시 우표를 발행한 체신부 안내문은 "이 우표는 역사적으로 의의 깊은 국토 통일을 기념하기 위해 발행하였다"라고 밝힘으로써 남한 정부에 의한 북진통일을 기정사실로 했다. 그러나 결과적으로 이승만과 대한민국 정부는 샴페인을 너무 일찍 터트리고 말았다. 북진통일 완수는 그들의 신념이었을 뿐 역사에서는 실현되지 않았다.

이 우표가 발행되기 직전인 1950년 10월 19일 밤에 중국군이 '지원군'이란 이름으로 몰래 한반도 북쪽으로 진입하고 있었고,● 한국전쟁은 새로운 국면을 맞이했다. 당시 대한민국 정부는 이런 전쟁 상황을 이 우표처럼 오판했고, 그 결과 북한에 의한 한반도 통일이 이뤄지지 않은 것처럼 남한에 의한 한반도 통일 역시 이뤄지지 않았다. 결국 1953년 7월 남과 북은 서로 큰 상처만 남긴 채 휴전에 돌입해 오늘에 이르렀다. 전쟁 당시 양측은 모두 한 치 앞을 보지 못하고 서둘러 승리감에 빠져 김칫국부터 마셨다. 북한에 의한 남북통일을 기정사실로 한 지도 한 점과 남한이 발행한 〈국토통일기념우표〉는 이런 '역사의 오류'를 담고 있는 흥미로운 자료들

● 중국군의 공식적인 참전일은 10월 25일로 되어 있다.

로, 내가 두 가지를 짝으로 수집한 이유이기도 하다.

또 하나 예로 들 수 있는 것은 전두환이 등장하는 기념우표다. 전두환은 1983년 10월 8~25일에 서남아시아의 버마(지금의 미얀마), 인도, 스리랑카 등 3개국의 대통령과 오스트레일리아 총독 및 뉴질랜드 수상의 초청을 받아 이들 5개국을 차례로 공식 방문할 예정이었다. 이를 기념해 체신부는 10월 8일에 5종의 기념우표를 발행했다. 이들 우표에는 왼쪽에 전두환이, 오른쪽에 방문국의 정상들 곧 버마의 우산유 대통령, 인도의 간디 수상, 스리랑카의 자예와르데네 대통령이, 오스트레일리아와 뉴질랜드의 경우에는 양국 국기가 그려져 있다. 그런데 이 우표들은 의도하지 않았지만, 역사를 잘못 증언하고 말았다. 역시 일종의 '에러 우표'다.

왜일까? 바로 첫 방문국 버마에서 10월 9일 예상치 못한 사건이 발생했기 때문이다. 버마 아웅산 국립묘지 테러 사건. 그래서 당시 발행된 5종의 우표 중 버마 방문 기념우표만 제대로 역사를 반영할 뿐 나머지 4종은 일어나지 않은 역사를 증언하는 우표가 되고 말았다. 4종의 우표는 사건 직후 판매 중지되었다.

마지막 예는 2017년 달력이다. 2017년도 달력의 마지막 장인 12월 달력의 '20일'에 빨간 표시가 되어 있다. 그 아래에는 "제19대 대통령 선거일"이라고 적혀 있다. 대통령 선거 때문에 임시 공휴일로 정해진 것이다. 그런데 그날은 제19대 대통령 선거일, 즉 공휴일이

한국전쟁기 강원도 영월군 박수만(朴壽萬) 앞으로 온 편지 한 통이다. 편지에는 대한민국
정부가 남북통일을 기념해 1950년 11월 발행한 〈국토통일기념우표〉 2종이 붙어 있다
(위). 1983년 전두환의 버마 등 5개국 순방을 기념해 발행한 우표들이 부착된 우편물이다
(아래). 버마 아웅산 국립묘지 테러 사건으로 1종을 제외한 나머지 4종의 우표는 역사의
오류를 범하고 말았다.

되지 못했다. 2016년 10월 말부터 시작된 '촛불항쟁'과 그에 따른 박근혜 대통령 탄핵·파면 때문이다. 실제 19대 대선 투표는 따뜻한 봄날인 이듬해 5월 9일 실시되었다. 이런 맥락에서 저 달력 자체가 역사적 유물이 되고 말았다. 촛불항쟁과 대통령 탄핵·파면이라는 격동의 역사를 달력은 조용히 증언하고 있는 셈이다.

위에서 언급한 서너 가지 사례를 통해 앞날을 예측하는 것이 얼마나 힘든지를 알 수 있다. 이것은 개인도 그렇고 국가나 사회도 똑같다. 우리는 2019년 가을까지만 해도 앞으로 몇 년간 코로나바이러스로 마스크가 일상인 삶을 살아갈 것을 전혀 예상하지 못했다.

그런데 다시 생각해 보면 그게 인생과 역사의 묘미 같다. 예측대로만, 예상대로만 일들이 일어난다면 삶이라는 것이, 또 역사라는 것이 얼마나 무미건조하겠는가? 다양한 개성의 사람들이 사회를 구성하고 그들이 만드는 사회가 다채롭듯이, 변화무쌍한 사건들이 교차하고 가변적이고 다이내믹한 사건들이 좌충우돌하며 만드는 역사가 더 흥미진진하지 않을까?

나는 이런 예측 불가능한 미래, 한 치 앞도 내다보지 못하는 인간들을 자료 속에서 만나며 역사 앞에서 늘 겸손해야 한다고 생각한다. 겸손함, 이것은 컬렉터가 갖추어야 할 또 하나의 덕목이다.

수 집 품 의 가 격 은
어 떻 게
결 정 될 까

2020년 6월 온라인 경매에 오래된 유언장 하나가 올라왔다. 호기심이 생겨 살펴보니 일제강점기인 1945년 7월에 작성된 것이다. 가로 40cm, 세로 19cm 크기의 한지에 일본어로 정성스럽게 쓴 유언장은 안동에 사는 김태봉(金泰奉; 창씨명 금강태봉)이 징병제로 전쟁터에 나가면서 아내에게 남긴 것이다.

어린 딸 명자(明子)가 "國民學校(국민학교)"를 잘 마칠 수 있도록 해달라는 당부로 시작해 "大日本帝國萬萬歲(대일본제국만만세)"로 끝맺는 유언장은 민족 말살 통치기의 징병제와 관련한 의미 있는 자료다. 대한민국역사박물관에도 이와 비슷한 유언장 하나가 있는데, 징병 가는 남편 수일(修一)이 두 아이를 양육해야 하는 아내에게 남긴 유언장이다. 이런 유언장은 쉽게 볼 수 있는 자료가 아니다.

유언장을 일본어로 써서 내용을 해독하기가 어려웠기 때문일까? 예상과 달리 유언장은 별 관심을 끌지 못했다. 결국 나 혼자 입찰해 시작가인 2만 원에 낙찰받았다. 나는 이 정도 자료라면 50만 원 이상의 가치는 충분히 있을 것으로 봤다. 거저 주운 것이나 마찬가지였다. 그렇다면 이 징병 관련 유언장은 얼마의 가치를 가질까? 2만 원일까, 아니면 그 25배인 50만 원일까?

2012년 대한민국역사박물관에 수집 자료를 매도할 때 동학농민운동 관련 문서 한 장이 포함되어 있었다. 전라도 지역 동학 농민군 동향에 대한 한 장짜리 보고서로, 지방 관아에서 만든 것으로 보였다. 당시 매도 가격은 20만 원. 이 자료는 온라인 경매를 통해 수집한 것으로 문서 속의 "東徒(동도)"와 전라도 지명들이 심상치 않아서 수집했다. 동도는 '동학 무리'라는 뜻으로 동학농민운동 당시 '동비(東匪)'와 함께 동학 농민군을 가리킬 때 쓴 용어다. 당시 수집 가격은 단돈 5,000원. 그렇다면 이 동학 관련 문서 한 장의 가치는 얼마일까? 5,000원일까, 그 40배인 20만 원일까?

역사 자료를 수집하다 보면 자료의 가치와 가격이 일치하지 않는 경우가 많다. 같은 자료라도 시기나 조건에 따라 가격 편차가 크다. 자료 가격이 이렇게 크게 차이 나는 이유는 무엇일까? 자료의 가격은 어떻게 결정될까? 그렇게 정해진 가격은 과연 적정할까? 더 근본적으로 적정 가격이라는 것이 존재할 수 있을까?

수집 세계에서 가치나 가격 결정은 단순히 수요와 공급 원리에 따라서만 이루어지지 않는다. 확고한 자기 주관과 가치 평가가 중요하게 작용한다. 이런 경지에 오르기 위해서는 수집품에 대한 부단한 애정을 가지고 계속 감(感)을 익혀야 한다. 이 과정에서 생기는 시행착오는 반드시 거치는 과정이므로 이를 두려워해서는 안된다. 도전 정신은 이 세계 입문 초기에 갖추어야 할 덕목 중 하나다. 약간의 수업료라고 해 두자.

수집 세계에는 수집가의 안목이 무엇보다 중요하다. 이런 안목을 갖추어야 수집가는 능동적으로 활동할 수 있고, 이를 바탕으로

遺言狀

残シタ明子ヲ大事ニ育ヲ國民學校ニ是非
卒業サセテクレヨ次ニ賴ミタイコトハ御兩親様ノ
コトダ先タル父母ニ出来ル限リ孝行シテクレ
今ヤ良ク育テタ家中ニ不平ヲ起ライテハナラヌニ
レハ九殿ニ私コソ喜ンデヤルゾ
第二番生ヲ國民學校ニ入學サセルゾデ鯛川泗
ニ子供ヲ通学便利ナ地點ニ移合スルコトヲシテ
クレヨ
祖先カラ傳ッタ土地ハ如何ナル困難ナリトモ責
渡シテハヨシテクレ私衣類ハ春生ニ与ヘテ
ニ洗灘シテ尼先ニ消毒シテ第ニ春生ニヌヌッテ
クレヨ
最安東全融四合ニ若干ノ興金ガアルカラ神度
シテ國防獻金ニシテクレ郵金通張ハ机ノ引
出ニ入ッテアルヨ
最後ニ御兩親様ノ長壽ト永人ノ幸福ヲ祈リ
マス

一散ツテ甲斐アル若樱
大日本帝國萬々歳
以上
昭和貳拾年七月　日
金岡泰奉

김태봉(창씨명 "金岡泰奉")이 아내에게 남긴 유언장으로 해방되기 한 달 전인 1945년 7월에 일본어로 썼다. 태봉은 유언의 첫머리에서 딸아이 명자가 초등학교를 마칠 수 있기를 희망했다. 그러나 유언장 어디에도 아내에 대한 미안함이나 애정을 드러내지 않았다. 아내로서는 무척 서운했을 것이다.

점차 훌륭한 컬렉터가 될 수 있다. 물건에 휘둘리는 것이 아니라 내가 굳건한 중심과 기준이 되는 것이다. 다소 오만하게 들릴 수 있겠지만 현재 경매 가격이 중요한 게 아니다. 내가 판단하기에 비싼 가격이면 비싼 것이고, 내가 보기에 싼 가격이면 싼 것이다. 내가 겪은 사례 하나를 소개한다.

1940년대에 일제는 조선인에게 창씨개명을 강요했다. 문중에서는 문중회의를 열어 창씨를 할지 말지, 한다면 어떻게 할지를 논의했다. 나는 이 창씨 논의와 관련해 문중회의 개최를 알리는 통문 3장을 소장하고 있다. 모두 1940년에 열린 문중회의 자료다. 창씨개명 정책에 대응해 1940년에 전국적으로 수많은 문중회의가 열렸음을 알 수 있다. 이 자료 속에는 자신의 원래 성씨를 어떻게 바꿀 것인지에 관한 논의 결과가 기록되어 있다. 수집 시기는 공교롭게도 2018~2020년으로, 3년에 걸쳐 매년 한 점씩 수집한 셈이다.

2018년 8월 4일에 처음 수집한 자료는 1940년 경주 김씨 대보공파 문중에서 발행한 문중회의 개최 통문이다. 이 문중에서는 시조 대보공이 경주 계림에서 탄강(誕降; 임금이나 성인이 태어남)했음에 착안해 계림을 약간 변형한 '대림(大林)'으로 성씨를 설정할 것을 의결할 예정이었다. 시작가는 50만 원, 입찰자는 아무도 없었다. 나는 이 자료가 일제강점기 창씨개명과 관련한 의미 있는 자료라고 보고 50만 원 이상의 가치를 매긴 후 단독 입찰했다. 그래서 〈경고문(敬告文)〉이라는 제목이 붙은 이 문서를 50만 원에 낙찰받았다.

그로부터 8개월이 지난 2019년 4월에 위 자료와 흡사한 통문 자

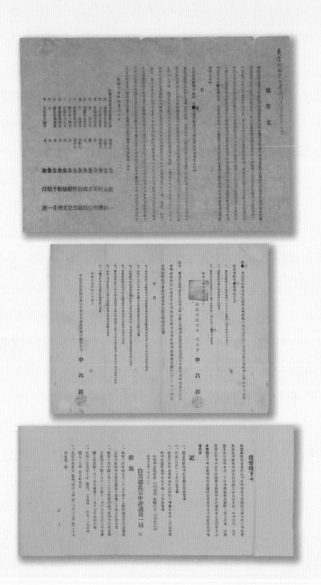

일제강점기 창씨개명이 이뤄질 당시 새로 만들 성씨를 정하기 위한 문중회의 통문들이다. 위부터 경주 김씨 대보공파, 평산 신씨 전첨공파, 배천 조씨 문중의 통문이다.

료가 경매에 나왔다. 평산(平山) 신씨 전첨공파(典籤公派) 문중에서 창씨개명과 관련한 문중회의를 개최했을 때의 통문이다. 위의 경주 김씨 대보공파 문중회의 자료와 같은 성격이었고, 회의가 열린 시기도 1940년으로 같았다. 평산 신씨는 새로 만들 성씨로 자신들의 본관과 비슷한 '평전(平田)'으로 할 것을 결정했다. 경매 시작 가격은 1만 원. 이 정도면 수많은 수집가를 흥분시킬 만했고, 뜨거운 경합이 벌어져야 할 판이었다. 그러나 시장은 차가웠다. 나는 어렵지 않게 1만 원에 자료를 수집할 수 있었다.

그로부터 1년 7개월이 지난 2020년 11월에 위의 두 자료와 비슷한 자료가 경매에 나왔다. 이번 자료는 배천(白川) 조씨 문중에서 새롭게 사용할 성씨로 역시 본관을 그대로 활용한 '배천(白川)'으로 할 것을 결정한다는 내용의 통문이었다. 문중의 본관을 그대로 새로운 성씨로 삼는 것은 당시로서는 매우 흔한 일이었다. 앞의 두 자료보다 보존 상태가 더 좋았다. 시작가는 6,000원. 6만 원이나 60만 원이 아니다. 그런데도 입찰자는 없었다. 이 자료 역시 단독 입찰해 6,000원에 수집했다.

이렇게 해서 나는 같은 역사적 의미를 지닌 문중회의 자료를 세 점 수집했다. 가격은 각각 50만 원, 1만 원, 6,000원이었다. 그렇다면 내가 수집한 자료들은 어느 정도 가치를 가질까? 또 어느 정도가 적정 가격일까? 세 점의 수집 가격을 합해 3분의 1로 계산한 17

● 한자로는 백천이지만 배천이라 부르는 지명에 맞춰 배천 조씨라고 한다.

만2,000원이 적정 가격일까? 그렇다면 50만 원으로 수집한 자료는 17만2,000만 원 이상이므로 비싸게 수집한 것이고, 나머지 두 점은 그 이하이므로 싸게 수집한 것일까?

나는 이 자료들을 모두 적정 가격 이하로 수집했다고 생각한다. 왜냐하면 이 자료들이 지닌 역사적 가치를 50만 원 이상이라고 처음부터 마음속으로 평가했기 때문이다. 그러므로 50만 원에 수집한 첫 자료는 적정 가격으로, 1만 원과 6,000원에 수집한 자료들은 터무니없이 싼 가격에 수집한 셈이다. 최고가와 최저가는 숫자상으로 80배 이상 차이 나지만, 역사 컬렉터에게 이 자료들은 모두 같은 가치를 지닐 뿐이다. 시장에서 아무런 관심을 끌지 못했지만, 그와 무관하게 이 자료들은 중요한 의미를 담고 있다.

공산품 시장에서는 가치와 가격이 비교적 비슷하게 수렴된다. 하지만 위 사례처럼 역사 자료는 그렇지 않을 때가 많다. 그러므로 수집가가 스스로 가치를 평가할 수 있는 능력과 안목을 길러야 한다. 이것이 능동성을 뒷받침하는 힘이다. 물건에 휘둘리는 것이 아니라, 내가 그들을 줄 세울 수 있는 힘!

5

수집품이

들려주는

역사

일 장 기 를 재 활 용 한
태 극 기 와
탄 피 재 떨 이

'리사이클링 아트(Recycling Art)'라는 분야가 있다. 사용하고 버린 폐자원을 재활용해 만든 예술 작품을 말한다. 우리말로 번역하면 '재활용 예술품' 정도 된다.

내가 수집한 자료 가운데 리사이클링 아트라고 부를 만한 것들이 몇 개 있다. 아트라는 말이 다소 어색하다면 '리사이클링 역사 자료'라 해도 무방하다. 물자가 풍부한 지금은 다소 생소할 수 있지만 자료가 쓰일 당시에는 그렇지 않았다. 어떤 계기로 일단 집에 들어온 물건을 더 이상 쓸 수 없을 때까지 모양을 바꿔 가며 사용했다. 경제 상황이 주된 원인이었지만 정치적 이유가 개입될 때도 있었다. 재활용 과정에서 당대 민중은 번쩍이는 지혜와 재치를 발휘하곤 했다.

내가 수집한 자료 중 흥미로운 것 두 가지만 소개한다. 첫째는 일장기를 재활용한 태극기다. 1945년 8월 15일 조선인은 느닷없이 해방을 맞았다. 사람들은 해방의 기쁨을 드러내고자 태극기를 흔들고 싶었을 것이다. 그런데 온전한 태극기가 있을 리 없다. 어떻게든 빨리 만들어 흔들어야 하는데 오랜만이라 제대로 그리기가 쉽지 않았을 것이다. 실제로 태극기를 그려 보면 사괘 그리기가 생각보다 어렵다. 게다가 태평양전쟁 말기에 물자가 부족한 상황에서

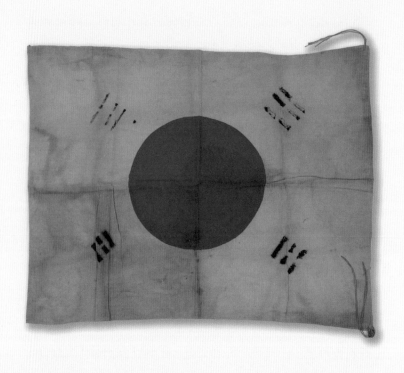

1945년 해방 직후 제작된 '일장기 재활용 태극기'. 일장기 위에 칠한 파란색 물감은 빛이
바래 자세히 보지 않으면 확인하기 어렵다. 사괘 중 2개는 나름 정성스럽게 그렸는데, 갈
수록 마음이 급했는지 나머지 2개는 대충 그린 티가 역력하다. 해방 직후의 열기가 그런
여유를 용납하지 않았을 것이다. 강연에 들고 가는 역사 자료 중 제일 많은 관심을 불러
일으키는 것이 이 '일장기 재활용 태극기'다.

태극기 만들 천을 구하기도 쉽지 않았을 것이다. 이때 그들의 눈에 띈 것이 일장기다.

일장기 위에 사괘를 그리고 빨간색 원에 파란색을 태극 무늬에 맞게 덧칠하면 태극기가 된다. 태극기를 일장기로 바꾸기는 어려워도 일장기를 태극기로 바꾸는 것은 쉽다. 그래서 해방 직후에 사용된 태극기 상당수가 일장기를 재활용한 태극기였다.

사람들이 독립이 되었다는 사실, 일본이 망했다는 사실을 제대로 인식한 건 그날 밤 정도라고 생각합니다. 그때는 일본 천황의 방송이 몇 번 되풀이되었지요. 우리말로도 방송하고 해설도 해 주었어요. 그렇게 하니까 16일 나라 전체가 발칵 뒤집혔어요. 정말 서울 시내, 누가 나오라고 한 것도 아닌데, 전부 길거리로 나왔어요. 그리고 제대로 된 태극기는 아니었지만 어떻게 그리도 급히 만들었는지 형형색색의 태극기를 들고 만세를 불렀어요.•

손수 만든 태극기를 들고 거리에 뛰쳐나온 해방 직후 사람들의 모습이 선연하다. 회고록들을 보면 사괘 없이 붉은색과 파란색의 원형만 있는 태극기도 많이 사용했다고 한다. 그 속에 섞여 있었을 '일장기 재활용 태극기'. 해방의 기쁨이 커서 그것이 이상하다거나 초라하다고 누구도 퉁바리를 놓지 않았을 것이다.

• '문제안의 증언', 《8·15의 기억》, 한길사, 21쪽.

내가 수집한 태극기도 해방 직후 급하게 만들어진 일장기 재활용 태극기 가운데 하나로, 해방 직후의 감격을 고스란히 담고 있다. 8월 하순에 접어들면서 태극기를 새롭게 만들 여유가 생겼을 것이므로 이 태극기는 8월 15일 직후에만 잠시 사용된 것으로 보인다. 일장기 위에 칠한 파란색 물감은 빛이 바래 자세히 보지 않으면 확인하기 어렵다. 사괘 중 2개는 나름 정성스럽게 그렸는데, 갈수록 마음이 급했는지 나머지 2개는 대충 그린 티가 역력하다. 해방 직후의 열기가 그런 여유를 용납하지 않았을 것이다.

이렇게 색바랜 일장기 재활용 태극기 한 장에는 일제강점기 35년을 감내한 조선인들이 8·15 해방을 맞아 느낀 격한 환희와 열정이 고스란히 담겨 있다. 역사는 이렇게 자신의 흔적을 곳곳에 남겨 놓았다.

그런데 일장기 재활용 태극기는 해방 직후에 처음 등장한 것이 아니다. 역사는 조금 더 거슬러 올라간다. 이를 서울시 은평구에 있는 진관사에서 발견된 태극기를 통해 알 수 있다. 지난 2009년 5월 삼각산 진관사에서 일제강점기 자료들이 발견되어 화제가 되었다. 칠성전 해체 공사를 하던 중 불단과 기둥 사이에 숨겨져 있던 태극기 및 〈독립신문〉 20점이 발견된 것이다. 3·1운동 당시 일심회라는

● 해방 후 일본 군가도 재활용되는 사례가 많았다. 대한민국 정부 수립 직후 학교 교련 시간에 불린 〈혈서 지원〉이 대표적이다. 이 노래의 가사는 "무명지 깨물어서 붉은 피를 흘려서 / 태극기 걸어 놓고 천세 만세 부르세 / 한 글자 쓰는 사연 두 글자 쓰는 사연 / 나랏님의 병정 되기 소원입니다"이다. 곡조와 가사를 그대로 쓰면서 원래 가사의 '일장기'만 '태극기'로 바꿔 불렀다.

비밀결사를 이끌며 독립운동하던 진관사 백초월 스님과 관련 있는 것으로 추정되는 이 유물들 중 단연 눈길을 끈 것은 태극기다. 왼쪽 위에 불에 탄 흔적이 있는 이 태극기는 3·1운동 때 만들어진 것으로는 희귀하다. 현재의 표준 태극기와 비교하면 사괘 중 리(離), 감(坎)의 자리가 바뀐 형태지만, 대한민국임시정부가 제정한 국기 양식을 충실히 따르고 있다.

이 진관사 태극기는 앞에서 소개한 태극기처럼 일장기를 재활용해 만들었다. 일장기의 붉은 원 둘레의 네 귀퉁이에 사괘를 그리고, 붉은 원 위에 푸른색을 태극 문양에 맞게 덧칠했다. 학자들은 재료가 부족해서가 아니라 일부러 이렇게 만들었을 것으로 해석한다. 일장기 위에 태극기를 그림으로써 일본을 누르고 극복해 독립을 이루겠다는 강렬한 의지를 담았다는 것이다.

이런 뜻을 지닌 진관사 태극기는 3·1운동을 상징하는 태극기로 자리매김했으며, 진관사가 있는 서울시 은평구에서는 2015년부터 매년 삼일절이나 광복절이면 구청 청사와 거리에 이 태극기를 게양한다. 이런 사정을 모르는 사람들은 태극기가 훼손된 줄 알고 구청에 신고 전화한다는 후문이다.

둘째는 황동으로 만든 재떨이다. 지름 12cm, 높이 5.5cm 정도의 둥근 모양으로, 재떨이로 쓰기에 알맞다. 무게는 1.3kg 정도로 묵직한 느낌을 준다. 재떨이 안쪽에 봉긋 솟은 1cm 정도 높이의 철심이 있어서 재를 떨기에 편리하다. 그런데 이것은 원래 재떨이로 만들어진 것이 아니라 어떤 물건을 재활용해 만든 것이다. 바로,

1950년대에 포탄 탄피를 재활용해 만든 재떨이. 지름 12cm, 높이 5.5cm, 무게 1.3kg 정도로 묵직한 느낌을 준다. 재떨이 안쪽에 봉긋 솟은 1cm 정도 높이의 철심이 있어서 재를 떨기에 편리하다. 재떨이 아래 면에 음각으로 찍힌 "105MM"와 함께 가운데의 선명한 뇌관 부분이 재떨이의 전생이 탄피였음을 증언한다.

105mm 곡사포 탄피다. 재떨이 아래 면에 음각으로 찍힌 "105MM" 와 함께 가운데의 선명한 뇌관 부분이 재떨이의 전생이 탄피였음을 증언한다.

한국전쟁 때 얼마나 많은 포탄이 사용되었던가. 폐포탄 탄피를 잘라서 재떨이로 만들겠다는 생각을 처음 한 사람은 누구일까? 물자가 부족했던 한국전쟁 당시 민중은 생활의 지혜를 발휘했다. 가혹한 생활 조건은 그것을 견디고 헤쳐 나갈 인내심, 용기와 함께 지혜를 선물하는 법이다. 민중은 그들의 처지를 한탄하며 기신기신 살지 않았다.

한국전쟁을 전후한 시기에 사람들은 먹을 것이 없으면 미군 부대에서 흘러나온 햄과 소시지 등을 이용해 '부대찌개'라는 새로운 퓨전 음식을 만들어 먹었다. 또한 군인의 철모나 파이버로 두레박이나 똥바가지를 만들었으며, 수류탄 탄피로 호롱불 용기를, 군복으로 솜저고리와 몸뻬바지를, 군부대에서 흘러나온 통신선(PP선)으로 소쿠리나 바구니를 만들어 사용했다. 시간이 좀 더 흘러서는 원조 물자로 미국에서 들어온 밀가루 포대를 잘라서 옷을 해 입었고, 라면 봉지를 접고 여러 장 연결해 밥상보를 만들었다. 모두 곤궁한 시기 우리의 삶이고 역사였다.

나는 이것들을 볼 때마다 전쟁 도구를 생활 도구로 변화시킨 그 시대 민중의 지혜에 경외감을 느낀다. 2020년 tvN 〈유 퀴즈 온 더 블록〉에 출연했을 때 유재석 진행자가 나에게 이런 질문을 던진 일이 있다. 나중에 자기 이름으로 박물관을 연다면 무엇을 대표 전시

물로 하고 싶냐고. 나는 두말없이 이 탄피 재활용 재떨이와 원조 밀가루 포대라고 대답했다. 그리고 이런 설명을 덧붙였다.

"가난, 굶주림, 전쟁, 이런 비극의 이야기들을 당대 민중은 회피하지 않고 의연하고도 태연하게 자기 삶으로 끌어들여 생활의 도구로 변화시켰습니다. 우리들은 그 속에서 당대 민중의 생명력, 미래에 대한 낙관, 삶에 대한 희망 등을 발견할 수 있습니다."

송 황 순 의 〈추 억 록〉과 해 방 직 후 연 호

우리는 지금 서력기원, 곧 서기(西紀)를 쓴다. 이 글을 쓰고 있는 올해는 서기로 2024년이다.

해방 이후 연호는 여러 차례 바뀌었다. 일단 1945년부터 1948년까지 이어진 3년간의 미군정기에는 서기를 쓰다가 1948년 8월 대한민국 정부 수립 직후 단군기원(檀君紀元), 약칭 단기로 바뀌었다.[*] 단기는 고조선 건국인 기원전 2333년을 기점으로 연도를 계산하는 방법이다. 이 단기가 다시 서기로 바뀐 것은 1962년[**] 1월부터다. 즉 공용 연호는 1945~1948년에 서기, 이어서 1948~1961년에 단기를 썼고, 1962년부터 지금까지 서기를 쓴다. 이 정도가 공식 역사다.

그런데 이런 공식 역사와 달리 실제 그 시대를 살던 사람들이 주로 사용한 연호가 무엇이었는지는 조금 다른 문제다. 이런 미시 생활사를 파악하는 데는 역시 그 시대의 생활 문서가 도움이 된다.

● 1948년 9월 25일 대한민국 법률 제4호 '연호에 관한 법률'에서 "대한민국의 공용 연호는 단군기원으로 한다"라 하고, 그 부칙에서 "본 법은 공포한 날로부터 시행한다"라고 법제화해 단군기원을 국가 공용 연호로 쓰게 되었다.

●● 5·16군사정변 직후인 1961년 12월 2일 법률 제775호 '연호에 관한 법률'에서 "대한민국의 공용 연호는 서력기원으로 한다"라 하고, 그 부칙에서 "본 법은 서기 1962년 1월 1일부터 시행한다. 법률 제4호에 관한 법률은 이를 폐지한다"라고 법제화하면서 단군기원 대신에 서력기원을 쓰게 되었다.

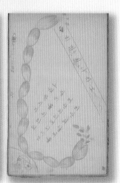

송황순의 〈추억록〉 표지(위). 송황순은 해방 직후인 1946년부터 1955년까지 거의 10년 동안 친구들의 글을 모았다. '진실한 마음 끝에 우러나는 우정?'이란 제목의 글로 명우석 이 '서기 1948년 9월 6일'에 썼다. 태극기와 매화를 배경으로 '도덕'이라고 쓴 그림은 령 순이 '단기 4281년 5월 23일'에 그렸다. '희망의 나라로'라는 제목을 붙인 글은 춘식이 ' 대한민국 30년 10월 24일'에 썼다(왼쪽부터 차례대로).

내가 수집한 자료 가운데 이런 연호 사용의 실상을 보여주는 흥미로운 자료가 있다. 해방 직후 대전사범학교를 다닌 송황순이라는 학생의 〈추억록〉이다. 친구들이 자기에게 써 준 덕담 같은 글들을 송황순이 시간순으로 묶은 것으로, 1946년 7월부터 1955년 7월까지 9년간 총 43명의 친구가 썼다. 친구들은 자기 글 밑에 쓴 날짜를 함께 넣었는데 연호 표기가 제각각이다.

당시 청년들은 어떤 연호를 썼고 제일 많이 사용한 연호는 무엇이었을까? 〈추억록〉이 쓰인 9년 동안 제일 많이 사용된 연호는 서기로 28명(68.3%)이 썼고, 두 번째가 단기로 11명(26.8%)이 썼으며, 2명은 연도를 기록하지 않았다. 나머지 2명은 특수한(?) 연호를 썼는데 이에 대해서는 나중에 이야기하겠다.

특이한 것은 〈추억록〉에서 연호가 1948년 8월 15일 정부 수립일을 기준으로 큰 변화를 보인다는 점이다. 1948년 이전에는 서기 연호 23명(85.2%), 단기 연호 3명(11.1%), 특수 연호 1명(3.7%)으로 서기가 압도적으로 많다. 이는 미군정 시기에 군정 당국이 공식적으로 서기를 썼기 때문으로 보인다. 그런데 대한민국 정부 수립 이후에 변화가 생긴다. 단기 8명(57.1%), 서기 5명(35.7%), 특수 연호 1명(7.1%)으로 단기가 서기보다 더 많이 쓰인다. 이는 대한민국 정부가 단기를 공용 연호로 제정한 것과 관련 있을 것이다. 정리하자면 1948년 8월 대한민국 정부 수립 이전에는 서기, 이후에는 단기를 주로 썼다.

그러면 위에서 서기도 단기도 아닌 '특수 연호'라고 한 2건에 대해 살펴보자. 첫째는 간지(干支)를 활용해 연도를 표시한 것으로, 여기서는 1948년을 무자년(戊子年)으로 표현한다. 정확히는 정부가 수립되는 8월 15일 이전에 적은 것이다. 해방 후부터 정부 수립 전까지 기록된 총 27건 중 단 한 건만이 간지로 연호를 표현했다는 사실을 통해, 해방 이후 젊은이들 사이에서 간지 연호가 거의 소멸했음을 알 수 있다. 다만 장년 이상에서는 여전히 간지로 연도를 나타내는 문화가 이후에도 꽤 오랫동안 존속한 것으로 보인다. 이는 다른 수집 자료들을 통해 확인할 수 있다.

또 하나의 특수 연호는 정부 수립 이후에 쓰인 것으로 춘식이 써준 글에 있는 '대한민국 30년'이란 연호다. 이 연호는 단 한 번밖에 나오지 않지만, 의미가 있다. 1948년을 대한민국 30년으로 기록한 이 연호에 담긴 의미는 무엇일까?

대한민국 정부를 수립하면서 제정한 헌법 전문*에 따르면, 대한민국의 건립 시점은 대한민국임시정부가 수립되는 1919년이며, 1948년 대한민국 정부 수립은 대한민국임시정부의 재건이다. 이런 맥락에서 이승만 대통령은 대통령 취임사에서 "대한민국 30년 7월 24일 대한민국 대통령 이승만"이라고 밝혔으며, 1948년 9월 1일 발행된 대한민국 최초의 〈관보〉는 발행 일자를 "대한민국 30년

● "유구한 역사와 전통에 빛나는 우리들 대한국민은 기미 삼일운동으로 대한민국을 건립하여 세계에 선포한 위대한 독립정신을 계승하여 이제 민주독립국가를 재건함에 있어서…"로 시작되는 대한민국 제헌헌법 전문은 대한민국 정부가 대한민국임시정부를 계승했음을 명확히 밝히고 있다.

9월 1일"이라고 적었다. 1948년 8월 15일 대한민국 정부 수립 당시의 이런 분위기를 반영해 일부 국민도 '대한민국 30년'이라는 연호를 사용했다. 이를 〈추억록〉 속 춘식의 글에서 확인할 수 있다. '대한민국 30년' 연호는 내가 수집한 이 시기 다른 사진 속에서도 확인할 수 있다. 대한민국 정부가 수립될 무렵 어느 학교의 수학여행 사진인데, 연도를 '대한민국 30년 8월 14일'이라고 표시했다.

어찌 보면 송황순의 〈추억록〉은 자기만의 특별한 역사 이야기를 우리에게 들려주려고 해방 직후부터 지금까지 살아남은 것일지 모른다. 자신의 이야기를 들어 줄 누군가를 기다려 온 것이다. 그러므로 이런 자료를 찾아내고 그 이야기를 들어 줄 책임은 전적으로 현재의 우리에게 있다.

세 상 에 서
가 장
슬 픈 사 인

    역사 문외한은 조선시대 사람들이 도장만 썼을 것으로 생각한다. 물론 그림을 그리거나 글씨를 쓴 뒤 낙관을 찍긴 했지만, 일상적인 관문서나 토지 및 노비 매매 문서 등 일상생활에서는 사인을 사용했다. 게다가 그 종류도 하나가 아니었다. 크게 세 종류로 나눌 수 있다.

    첫째는 수결(手決)이다. 오늘날 우리가 사용하는 사인과 가장 모양이 비슷하다. 양반 신분 이상의 사람들이 주로 사용한 자신만의 독특한 서명으로, '일심(一心)' 두 글자를 자기식대로 쓴 것이다. 즉 '一'을 길게 긋고 그 아래위에 점이나 원 등의 기호를 더해 자기 수결로 정하는 방식이다. 수결은 곧 사안(事案) 결재에서 '오직 한마음으로 하늘에 맹세하고 조금의 사심도 갖지 아니하는 공심(公心)에 있을 뿐'이라는 의미다. 그래서 이 결재를 일심결(一心決)이라고도 한다. 중국이나 일본에는 이런 방식의 결재가 없고 서압(署押; 자기성명을 초서로 써서 위조할 수 없게 한 사인)만 있는 것으로 보아 조선의 독특한 양식이라 할 수 있다. 이순신 장군의 《난중일기》에는 흥미로운 낙서가 있다. 낙서처럼 '一'을 반복해서 쓴 쪽이 있는데, 낙서가 아니라 수결을 연습한 흔적이다. '一心'으로 수결을 연습하는 장군의 모습에서 전투를 지휘하는 장군과는 다른 인간미를 느낀다.

둘째는 수촌(手寸)이다. 수촌은 주로 평민이나 노비가 사용한 사인으로 왼손 가운뎃손가락(중지)을 대고 첫째 마디와 둘째 마디 사이의 길이를 그린 다음 한자로 '좌촌(左寸)'이라 쓴다. 드물게는 오른손가락을 이용해 '우촌(右寸)'을 함께 표기할 때도 있다.

마지막으로는 수장(手掌)이다. 수결과 수촌이 남성의 사인이라면, 수장은 주로 여성의 몫이었다. 오른손을 사용해 손바닥을 대고 그리거나 먹물을 묻혀 손바닥을 찍었다. 이런 손 그림을 보고 역사 문외한은 낙서로 오해하기도 한다.

실제 손 크기에 맞게 그리는 것이 수장의 원칙이었다면 문서 위에 그려진 손 크기는 실제와 비슷해야 할 것이다. 그런데 유난히 작게 그려진 문서들이 있다. 무슨 까닭일까? 두 가지로 볼 수 있다. 하나는 수장이 형식화되면서 실제 손을 대고 그리지 않고 손 모양을 대충 그렸기 때문이다. 심지어 개나 고양이의 발바닥 크기로 그린 것도 있다. 다른 하나는 소녀의 수장이기 때문이다. 즉 소녀 손이라서 수장이 작을 수밖에 없다. 나는 이런 문서들을 여럿 소장하고 있다. 소녀 수장이 담긴 문서 하나를 소개한다.

때는 1805년 가경 10년 을축년, 정조가 1800년 급서하고 왕위를 계승한 순조 연간이었다. 삼정의 문란으로 표현되는 지배층의 수탈이 극심해 민생이 어려웠다. 이 문서는 소녀 순심(順心)의 생활고를 "無路餓死(무로아사)"라고 표현한다. 아사지경(餓死之境)에서 벗어날 길(방법)이 없다는 뜻이다. 생활고의 이유는 순심의 엄마가 얼마

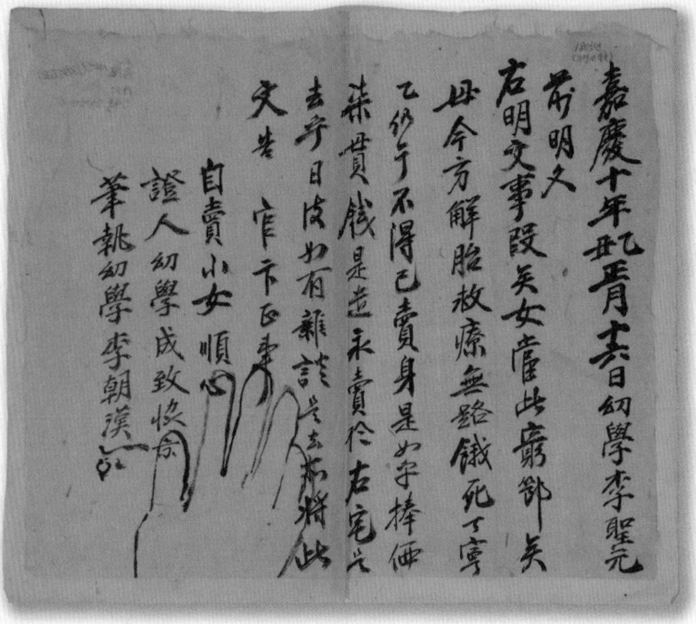
嘉慶十年乙丑正月十三日 幼學李聖元
前明文
右明文事段矣女當此窮節矣
母令方解胎救療無路饑死丁寧
之縱不得已賣身是如乎捧価
柒貫錢是遣永賣於右宅是
去乎日後如有雜談是去等持此
文告 官卞正事
自賣小女 順心
證人 幼學 成致恢
筆執 幼學 李朝漢

1805년 생활고로 자기를 노비로 파는 문서다. 왼쪽에 "自賣小女順心(자매 소녀 순심)"이라고 쓴 부분이 보인다. 순심은 10대 초반의 소녀였을 것이다. 가로 36cm, 세로 30cm 크기의 문서를 고려하면 수장의 크기가 어린 소녀의 것임을 알 수 있다. 가난하고 소외된 여성들이 자신을 노비로 팔면서 찍은 이런 수장들을 보다 보면, 삶이 무엇인지, 역사가 무엇인지, 인간이 무엇인지, 또 가난이 무엇인지 깊은 생각에 빠지게 된다.

전에 아기를 낳았기 때문이다.* 극심한 생활고로 소녀 순심은 부득이 이성원(李聖元)이라는 양반집에 자기를 팔게 된다. 이렇게 스스로 자기를 노비로 파는 문서를 자매문기(自賣文記)라 부른다. 그 가치가 정확히 어느 정도였는지 추정하기 어렵지만 순심이가 팔린 가격은 "柒貫錢(7관전)"이었다.

이 문서 왼쪽의 "自賣 小女 順心(자매 소녀 순심)" 밑에 순심의 수장이 보인다. 실제 손을 대고 그린 것으로 보이는데 정말로 소녀의 손 크기다. 이 문서에 순심의 아비는 등장하지 않는다. 부모의 강요나 주위의 부추김 때문인지 자신의 결단인지 알 수 없지만, 소녀 순심은 이렇게 가족의 생존을 위해 노비의 길을 선택했다.

세상에서 가장 슬픈 사인이다.

● 그다음 부분은 해석이 딱 떨어지지 않는다. "母今方解胎救療無路餓死(모금방해태구료무로아사)"에서 구료를 '궁핍에서 벗어나 허기를 달램'으로 해석해 '어미가 지금 막 출산해서 가난을 벗어나고 허기를 달랠 길이 없어 굶어 죽을 지경'으로 볼 수도 있고, '가난해서 병을 치료할 능력이 없는 사람을 돌보아 병을 고쳐 줌' 정도로 해석해 '어미가 출산 중 병이 들어 몸져누워 치료받지 못해 굶어 죽을 지경'으로 볼 수도 있다. 어쨌든 엄마가 아기를 낳은 직후 순심 집안이 경제적으로 매우 곤궁해졌다는 것은 분명하다.

"송종섭은 인민을
착취한 적이
없습니다."

2017년 7월 특이한 진정서 한 통을 수집했다. 한국전쟁 중 인민군 점령지에서 마을 주민 4명이 인민군 측에 잡혀간 송종섭(宋宗燮)의 석방을 위해서 쓴 진정서다. 송종섭이 석방되지 않으면 곧 열릴 인민재판●에서 죽을 수도 있으므로 이들은 한목소리로 석방을 청원했다. 진정서는 1950년 9월에 작성되었다. 진정인 4명은 순서대로 이희섭, 이영국, 은성섭, 리종녹이다. 진정서가 들어 있는 편지봉투에 적혀 있는 수신자는 이요섭이다.

이 진정서의 배경이 되는 지역 정보를 진정서 내용이나 봉투 어디에서도 찾을 수 없다. 당연히 1950년 9월 기준으로 인민군이 점령한 남한 지역이었을 것이다. 당시 치열한 전투가 벌어지고 있던 낙동강 전선 위쪽으로 범위를 크게 잡을 수 있으나 정확한 지역은 알 수 없다. 다만 이 자료를 수집할 때 판매자의 주소가 전라북도 순창군이었으므로 그 일대에서 처음 수집되었을 가능성이 큰 것으로 보인다. 조심스럽긴 하지만 이 자료는 전라북도 순창군 일대에

● 인민재판은 공개 장소에서 범죄자에게 사형 등 가혹한 처벌을 내리는 재판 형태다. 즉심 재판으로 변론 없이 이루어지는데 주로 사회주의 국가에서 시행되었다. 북한에서 1946년 12월 1일부터 시작된 인민재판은 한국전쟁 발발 후 인민군이 장악한 남한 지역에서도 열려 악질 지주나 자본가, 반공주의자, 우익 경찰이나 군인이 '반동분자', '인민의 적'이라는 이름으로 처형되었다.

서 벌어진 일을 배경으로 한 게 아닐까 싶다. 아니면, 최소한 전라
도 지역이라고 해도 큰 차이는 없을 듯하다. 편의를 위해 이 자료와
관련한 일을 순창 지역이라고 가정하고 이야기하자.

먼저 이 진정서가 작성된 시점은 언제쯤이었을까? 진정서에는
"1950년 9월"이라고 되어 있고 따로 날짜가 없다. 아마 9월 15일
감행된 인천상륙작전 이전이었을 것이다. 인천상륙작전으로 전세
가 뒤집혀 인민군은 곧 철수할 수밖에 없었으므로, 정세가 급박했
던 9월 하순보다는 9월 상순을 진정서의 작성 시점으로 보는 것이
설득력 있다.

진정서

우(右)* 진정하고자 하는 일은 본 부락 송종섭(宋宗燮)은 천성이 인후
하여 추호도 인민을 착취하거나 악질적 행동을 한 일이 없는 양심적 인
물인 바 주위 환경의 부득이한 일로 촉진대 부대장에 투명은 하였으나
우리 인민 동무를 성의껏 구호하는 동시에 절대로 인민의 원한을 사거
나 악덕 행위는 없었습니다. 금차 해방이 되어 삼천리강산에 광명한 빛
이 비치지 않은 곳이 없는 것과 같이 광명 명백한 차시(此時; 이때) 위와
같은 선한 양민을 하루라도 속히 석방하여 주심을 삼가 바라나이다.

1950년 9월 일

진정인 이희섭 (도장) 이영국 (도장) 은성섭 리종녹 (도장)

● 원본은 오른쪽에서 왼쪽으로 나아가는 세로쓰기다. "우"는 '오른쪽 제목에서 밝힌 진정의
  내용은'이라는 뜻이다.

진 정 서

우 진정이는 본부락 송종섭(宋宗燮)은 천성
이 인후하여 추호도 인민을 착취하거나 악질적
행동을 한 일이 없는 양심 적인 분인바 주위
환경에 부득이 한 몸 또 촉진대 부대장에 누
명은 되었으나 우리 인민 동무를 성의껏 호의
눈총사 절대로 인민의 원한을 사거나 악덕 행위
없었다. 금차 해방이 되며 삼천리 강산에
짬명간 빛 비치지 않는 곳이 없는 것 갈이 광명~
백만 찾이 우리강은 원한 양민을 촉
히 석방하여 주옵을 삼가 빼라나이다

一九五O년 九월 日

진정인 이희섭 ⦿
이영국
은성섭 ⦿
리종녹 ⦿

1950년 9월 이희섭 등 4명이 작성한 진정서다. 진정인들은 촉진대 부대장이었던 송종섭
의 석방을 청원하고 있다. 진정인 4명 중 은성섭만 이희섭, 이영국, 리종녹과 달리 도장을
찍지 않은 것이 특이하다.

위 진정서에 따르면 인민군이 점령하고 있는 전라북도 순창군에서 반동분자로 지목된 송종섭이 인민군 측에 끌려갔다. 인민군이 직접 끌고 갔다기보다, 대한민국 정부 수립 전후 지하에서 활동하던 그 지역의 좌익 활동가들이 (그들의 표현대로) 이 지역이 '해방'되자 남로당 순창지부와 순창군 인민위원회를 복구한 후 '악질 반동들'을 색출하는 과정에서 송종섭을 찾아왔을 것이다. 송종섭은 전쟁 이전의 "촉진대 부대장" 활동으로 잡혀갔는데, 이 단체는 정황상 우익 단체로 보인다. 송종섭은 우익 청년 단체인 촉진대의 순창지부 부대장으로 활동한 경력 때문에 반동분자로 몰렸을 것이다.

그가 촉진대에서 적극 활동했는지, 아니면 진정서에 쓴 것처럼 "투명(投名)", 즉 그저 이름만 올리고 별다른 활동을 하지 않았는지는 정확히 알 수 없다. 자료를 찾아보면 촉진대가 당시 대중에게 민폐를 끼친 것은 분명해 보인다. 촉진대는 서북청년단, 광복청년회(광청), 정의단과 함께 해방 공간에서 활동한 대표적인 우익 청년 단체로, 좌익이나 민간인을 상대로 테러 활동을 자주 벌여 문제가 되었다.

이 진정서에서 인상적인 것은 당시 남한 사람들이 잘 쓰지 않던 용어들이 등장한다는 점이다. "인민"을 세 번, "동무"를 한 번 쓴다. 북한이 남한을 점령한 상황도 '침략'이라는 우리식 표현이 아니라 "해방"이라는 북한식 표현을 쓴다. 또 진정인 가운데 이 씨가 3명인데, 2명은 '이'라 쓰고 1명은 '리'로 쓰고 있다. 전시의 혼란상이 그들이 사용한 용어에 그대로 드러난 셈이다. 사람뿐 아니라 말(言語)도 혹독한 전쟁을 치르고 있었다.

수집품이 들려주는 역사

송종섭이 잡혀가자, 아내는 남편을 살리기 위해 노심초사했을 것이다. 그대로 있다가 인민재판에 넘겨지는 날이면 생사를 장담할 수 없었다. 아내는 일단 이요섭에게 석방을 호소할 작정이었다. 진정서를 담은 편지봉투에 쓰인 이요섭은 송종섭의 석방 여부를 결정할 수 있는 인물로 보인다. 순창군 인민위원회나 경찰 기구인 내무서의 간부쯤 되는 인물이었을 것이다. 그는 북한 사람이 아니라 원래 순창 출신으로 보인다. 왜냐하면 진정인 4명 중 제일 앞에 있는 이희섭과 성과 돌림자가 같기 때문이다. 아마 친척이었을 것이다. 이요섭은 순창 출신으로서 월북했다가 전쟁 발발 후 고향 순창에 '금의환향'했을 수 있다. 아니면 전쟁 전 좌익 활동하다가 지리산 등으로 들어가 빨치산 활동하던 중 인민군이 이 지역에 들어오자, 산에서 내려와 인민위원회의 간부로 활동했을 것이다. 후자일 가능성이 더 높아 보인다. 또한 요섭이라는 이름을 통해 그의 집안이 원래 기독교 집안이었음도 유추할 수 있다.●

송종섭의 아내는 이요섭과 친인척 관계에 있는 이희섭, 그리고 마을 어른 몇몇을 찾아가 도움을 요청했다. 송종섭을 살릴 수 있는 유일한 방법은 이런 특별한 '줄'뿐이었다. 당시는 아무도 믿을 수 없는 시절이었다. 오로지 자신만이 자신을 지킬 수 있었다. 만인이 만인을 불신하는 시대, 그것이 전쟁이었다. 대중은 불안감에 떨었

● 요섭은 성경 이름 요셉을 한자화한 이름이다. 이와 비슷한 사례로 성 요한에서 유래한 요한이 있다. 두 이름 모두 나이 든 세대에서 많이 쓰였다. 시인 주요한, 소설가 주요섭 형제는 이름만으로 그들이 기독교 집안 출신임을 알 수 있는데, 그들의 아버지 주공삼은 평양에서 활동한 유명한 장로교 목사였다.

다. 사람의 목숨이라는 것이 그때그때의 정세 변화에 따라서 살기도 하고 죽기도 했다. 운과 줄에 따라 사람의 생사가 결정되었다.

송종섭이 촉진대 부대장으로서 실제 어떤 일을 했는지는 알 수 없다. 마을 사람들이 연명으로 진정서를 써 준 것으로 봐서 특별히 나쁜 일을 한 것 같지는 않다. 만약 그랬다면 이런 진정서를 써 줄 리 만무하다. 당시는 전시였으므로 진정 내용이 거짓으로 드러난다면 그들도 목숨을 부지하기 힘들었을 것이다. 진정인들은 송종섭의 아내가 부탁한 대로 진정서를 작성했다. 인민군이 순창 지역을 "해방"해 광명이 비쳤다는 식의 듣기 좋은 표현을 적절히 섞었다. 전쟁이 일어난 지 석 달을 넘기고 있었다. 낙동강 밑으로 밀려난 국군과 유엔군이 언제 반격을 해서 자신들을 다시 "해방"할지 모든 것이 불투명했다.

송종섭은 어떻게 되었을까? 진정서의 뜻이 받아들여져 석방되었을까, 아니면 인민재판을 통해 인민들이 던진 돌에 맞아 처참하게 죽었을까? 남아 있는 자료를 통해서는 알 수 없다.

송종섭의 운명도 궁금하지만, 이 진정서 자체가 일으키는 궁금증도 크긴 마찬가지다. 이런 특이한 전시(戰時) 자료가 어떻게 오늘날까지 전해졌을까? 이요섭에게 제출되었다가 인민군이 후퇴하면서 버린 것일까, 아니면 인천상륙작전 직후 인민군이 후퇴하면서 자료를 소각할 때 요행히 살아남았을까? 무엇보다 이요섭에게 제출되기는 했을까, 혹시 송종섭을 변호했다가 인민의 적으로 몰릴까 두려워 제출하지 못하고 누군가의 책상 속에서 수십 년간 잠들

수집품이 들려주는 역사

어 있었던 것은 아닐까? 제출하지 못했을 가능성을 언급하는 이유는 4명의 진정인 중 3명의 이름 밑에는 도장이 찍혀 있는데, 은성섭의 이름 밑에만 도장이 없어서다. 아직 완성된 문서가 아니다. 이희섭, 이영국, 리종녹이 먼저 도장을 찍고 미처 도장을 준비하지 못한 은성섭에게 날인해서 이요섭에게 제출하라고 했는데, 은성섭이 차마 제출하지 못한 건 아닐까?

진정서가 지금까지 남게 된 이유와 송종섭의 생사 등 수많은 의문점을 남긴 채 진정서와 내 대화는 여기서 멈추고 말았다. 그리고 진정서는 무심하게 다시 역사 속으로 침잠했다.

《음악주보》에서
우연히 만난
금수현

    2022년 6월 온라인 경매에 1947년 부산에서 발행된《음악주보》라는 8절지 크기의 프린트물이 나왔다. 내가 이 자료에 관심을 가진 까닭은 오른쪽에 실린 〈어느 학교 응원가집〉이란 악보 때문이었다.

    일제강점기에는 학교 운동회 때 홍백전,[*] 즉 홍군과 백군으로 편을 나누어 경쟁했다. 해방 후 미군정과 대한민국 정부 수립을 거치면서 붉은색이 '빨갱이'를 상징하는 색으로 불온시되면서 어느 순간 퇴출당하고 청백전으로 바뀌었다.[**] 그런데 〈어느 학교 응원가집〉에서는 5개로 군(軍)을 나누어 군별로 부를 수 있는 노래를 실었다. 홍색은 여러 색깔 가운데 하나일 뿐 아직 반공 이념으로 위험시하던 때가 아니었음을 알려 준다. 1947년 만들어진 이 노래는 학교 현장에서 홍군이 퇴출당하기 전의 응원가로서 의미를 지닌다. 나는 운동회에서 홍군 퇴출 과정을 체계적으로 정리하고 싶어 이 주

---

[*] 홍백전은 11세기 말부터 12세기 말까지 겐지(源氏) 가문과 헤이시(平氏) 가문이 전쟁을 벌일 때 겐지 가문은 백기(白旗), 헤이시 가문은 홍기(紅旗)를 들고 싸운 데서 유래했다고 한다.

[**] '청백전'이라는 용어는 대한민국 정부가 수립되고 두 달 정도가 지난 1948년 10월 9일 〈동아일보〉에 처음 실렸다. 대한광무관 창립 25주년을 맞아 유도 청백전을 연다는 기사였다. 1950년 3월 4일 〈조선일보〉에는 삼일절 경축 체육대회에서 축구와 배구 경기를 청백전으로 연다는 기사가 실렸다.

보를 수집했다.

　그런데 《음악주보》를 배송받은 후 새로운 사실을 확인했다. 이 《음악주보》가 해방 이후 첫 음악 간행물로 평가받는다는 점이었다. 응원가에 대한 내 관심과 무관하게 《음악주보》 자체가 역사적 가치를 지니고 있는 것이다.

　《음악주보》를 이리저리 탐구하다가 또 하나 흥미로운 사실을 발견했다. 《음악주보》의 왼쪽에는 편집 겸 발행인이 한자로 "金守賢"이라고 되어 있는데, 오른쪽 〈어느 학교 응원가집〉의 작곡가는 한글로 "금수현"이라고 되어 있다. 처음에는 김수현을 금수현으로 잘못 썼거나, 아니면 다른 인물인 줄 알았다. 그런데 자료를 찾아보니 그게 아니었다. 보통 금 씨를 한자로 '琴'이라고 쓰는데, 김수현은 자신의 성씨 '金'을 한글로 '금'이라고 스스로 바꿨다는 것이다.

　이 금수현은 '세모시 옥색 치마'로 시작하는 〈그네〉를 작곡한 인물이었다. 한때 건전가요를 대표하던 〈어허야 둥기둥기〉 역시 금수현의 작품이다. 나는 금수현에 대해 갑자기 호기심이 생겨 그의 생애를 살펴보기로 했다. 마침 회고록이 있었다.

　김수현은 부산 대저에서 1919년 7월에 태어났다. 대저보통학교에 다니던 그가 처음 음악의 길에 접어든 계기는 학예회 경험 때문이었다. 학예회에서 같은 반 여학생과 이중창을 했는데, 잘한다는 칭찬에 고무되어 음악가가 되기로 결심한다. 김수현은 이후 부산 제2상업고등학교에 진학했고, 틈틈이 독학으로 음악을 공부했다.

　고등학교를 마칠 즈음 대다수 학생이 금융조합에 취직하는 것이 보통이었으나, 김수현은 경제적 안정보다 풍운아의 길을 택했다. 그는 금융조합 취직을 포기하고 꿈을 따라 무작정 도쿄(동경)로 떠났다. 동경음악학교에 입학했고, 다짐대로 신문 배달, 음악 가정교사를 하며 고학했다. 김수현은 동경음악학교에서 성악(바리톤)을 전공했다. 그러던 중 중일전쟁이 터졌고, 독립운동에 연루된 혐의로 일본 경찰서 유치장에 잠시 갇혔다. 어느날 밤 잠결에 라디오에서 흘러나오는 음악을 유치장 창문으로 들었다. 쇼팽의 피아노곡 〈군대 폴로네즈〉였다. 그는 감옥에서 이렇게 기도했다.

"아! 내가 다행히 풀려난다면 저런 곡을 써야지. 굳세게 영원히 음악에 몸 바쳐야지. 음악의 신이여. 내게 그런 기회를 다시 한번 주소서."•

김수현은 불온 단체와 무관한 것으로 판명되어 80일 만에 풀려났다. 1940년 동경음악학교 졸업 후 그는 도쿄의 쇼치쿠가극단(松竹歌劇團) 합창단원으로 1년 정도 활동했고, 1942년 조선으로 귀국해 동래고등여학교의 음악 교사가 되었다.

1943년에 김수현은 인천 부평의 대정초등학교에서 교사로 일하는 전혜금과 결혼했다. 김수현은 결혼하고 얼마 뒤 첫아기를 얻었다. 이름은 음악 하는 사람답게 '도시'로 하기로 했다. '도시라솔파미레도'의 제일 앞에 나오는 도시다. 한자로는 '都是', 곧 모두라는 뜻이다. 이어서 태어날 아이는 순서대로 '라솔', '파미', '레도'로 하기로 했다. 그러나 도시는 태어난 지 석 달이 조금 지나 폐렴으로

• 금수현,《금수현 나의 시대 70》, 월간음악출판부, 57쪽.

1947년 5월 30일 《음악주보》 제47호. 왼쪽에는 음악 소식, 오른쪽에는 〈어느 학교 응원
가집〉이 실려 있다.

숨을 거두고 말았다.

1945년 8월 15일 해방이 찾아왔다. 거리에 나온 사람들이 행진하면서 "조선 독립 만세"를 외쳤는데 함께 부를 노래가 마땅찮았다. 김수현은 이럴 때 부를 노래가 필요하다고 느껴 교무실 옆자리의 이중희 선생에게 작시를 부탁하고 여기에 곡을 붙여 8월 16일 〈새노래〉를 완성했다. 우리 역사상 해방의 기쁨을 표현한 최초의 곡이다.* 가사는 이렇다.

삼천리 강산에 새 빛이 트는 날 / 우리의 앞길에 무궁화 피었네
동포야 동포야 이날을 잊지를 말고 / 영원의 자유를 눌러 세우세

해방 직후 김수현은 건국준비위원회 도위원으로 잠시 활동했다. 그러나 미군정이 건국준비위원회를 인정하지 않자 다시 교육계로 돌아왔다. 1945년 10월 김수현은 부산항공립고등여학교(이후 경남여고로 개칭)의 교감으로 부임했다. 부임 직후 김수현은 성을 '금'으로 바꾸었다. 김수현이 금수현이 된 것이다.

금수현은 평생 구태의연한 것을 싫어하고 변화무쌍한 것을 좋아했다. '김'으로 읽기도 하지만 '金'은 본래 '쇠 금'이다. 수현의 시조는 알지(關智)다. 기록에 따르면, 신라 초기 왕 석탈해가 아이가 없

---

* 김수현은 이 노래 말고도 해방의 기쁨을 표현한 노래를 한 곡 더 만들었다. 도학무국장과 부산사범학교 교장을 겸한 윤인구의 시에 곡을 붙여 만든 〈8월 15일〉이다. 이 노래는 "어둡고 괴로워라 밤이 깊더니"로 시작하는 〈독립행진곡〉과 함께 해방 정국에서 가장 널리 불렸다.

수집품이 들려주는 역사

어 고민하던 어느 날 밤 왕궁 인근 숲에서 닭 우는 소리가 들려 사람을 보냈다. 그랬더니 백마가 있고 나무 사이에 금 궤짝이 있어서 열어 보니 옥동자가 있었다고 한다. 이 아이를 왕자로 삼으면서 성을 '金'이라 했는데, 그때는 '김'이 아니고 '금'이었다는 것이다. 더구나 앞으로 한글 전용이 되면 이름을 우리말로 지어야 하고 김씨가 너무 많으므로 성을 분파해야겠다고 생각했다. '김'을 '금'으로 바꾼 것은 간단해 보여도 대단한 용기가 필요했다. 예부터 성 바꾸기를 큰 죄악으로 여겼기 때문이다. 그러나 금수현에게는 성을 되찾은 것이지 바꾼 것이 아니었다.

부산항공립고등여학교에 부임할 즈음 금수현은 1945년 10월 죽은 도시를 이어 다시 아들을 낳았다. 이제 아이 이름을 '도시라솔'로 짓는 것은 그만두기로 했다. 차라리 든든하게 '뿌리'로 이름을 짓고자 했다. 그런데 면사무소 서기가 한자에 '뿌'가 없어 등록할 수 없다고 했다. 일제강점기에는 일본 가나(かな) 이름을 호적에 올릴 수 있었는데 해방 후에 우리말 이름을 등재할 수 없다는 사실이 기가 막혔다. 결국 우리말로 짓되 등재는 한자로 하는 선에서 타협했다. 아들이 태어난 해가 해방되어 나라를 찾은 때라 이름을 '나라'로 하고 호적에 한자로 '邢羅'라고 올렸다. 한자로는 '金邢羅', 실생활에서는 '금나라'로 불렀다.

이렇듯 그는 평생 한글 전용을 주장하고 실천했다. 경남여고의 교표를 새로 만들 때도 금수현 교감은 한글전용론자다운 면모를 보였다. 근무하는 학교 이름이 부산항공립고등여학교에서 경남여고로 바뀌자 새로운 교표를 만들어야 했다. 금수현 교감은 'ㄱ ㅕ ㅇ ㄴ ㅏ ㅁ'이라고 한글 자모로 풀어쓴 교표를 창안했다. 지금은 꽤 흔하지만, 당시로서는 매우 파격적인 발상이었다.

한글전용론자 금수현이 우리 음악사에 남긴 가장 큰 업적이 있다면 음악 용어를 한글로 바꾸는 데 크게 이바지했다는 점이다. 해방 직후 제대로 된 음악 교과서가 없던 시절, 금수현은 《음악글》이라는 음악책을 만들면서 용어를 대부분 한글로 바꿨다. 다섯줄, 높은음자리표, 이음줄, 음표, 쉼표, 도돌이표, 큰북, 작은북, 으뜸음, 버금딸림음 등 눈에 익은 수많은 음악 용어가 그의 손으로 만들어졌다. '장단'도 마찬가지다. 금수현이 문교부 편수관 시절에 음악 용어를 정하는데 '리듬'과 '장단'을 두고 논쟁이 벌어졌다. 투표까지 간 끝에 한 표 차이로 리듬이 채택되었다. 그러나 이를 받아들일 수 없었던 금수현은 슬그머니 리듬과 장단을 함께 쓰도록 용어집에 넣었다. 토박이말 '장단'이 살아남은 배경이다. 장단을 한자 '長短'으로 알고 있는 이가 많지만, 사실은 순우리말이다.

이즈음 경남음악협회가 음악교육을 촉진하기 위해 《음악주보》라는 정기 간행물을 발간하기로 하고 금수현이 그 책임을 맡았다. 8절지 한 장 4면을 프린트한 이 간행물은 음악계의 새 소식에 교재용 곡을 한 개씩 넣었다. 한 부 2원, 월 8원의 유가지인데도 희망 학생이 많아 2,000부를 찍어야 했다. 1946년 처음 간행된 《음악주보》는 해방 후 음악 관련 정기 간행물로는 최초였다. 이를 통해 금수현은 부산을 중심으로 음악 대중화에 크게 이바지했다.

수집품이 들려주는 역사

내가 수집한《음악주보》는 제47호로 1947년 5월 30일에 발행되었다. 금수현이 경남여고 교감으로 근무할 때다.《음악주보》의 왼쪽에 편집 겸 발행인으로 "金守賢"이라 쓰고, 오른쪽〈어느 학교 응원가집〉의 작곡가로 "금수현"이라 쓴 까닭을 비로소 알게 되었다.

1947년 8월 금수현은 경남여고를 떠나 경남도립극장장으로 자리를 옮긴다. 그 무렵 금나라에 이어 셋째 아들이 태어났다. 이름을 한글로 호적에 등재하려고 본적지에 문의하니 이제는 가능하다고 해서 '나라'에 이어 ㄴ자 항렬로 '난새'라고 지었다. 신화에 나오는 '난(鸞)이라는 새'이기도 하고 '나는 새'이기도 하다. 금난새는 이후 한국을 대표하는 유명한 지휘자로 성장한다.

1992년 2월 21일 금수현의 고향 부산 대저동에 〈그네 노래비〉(일명 〈금수현 노래비〉)가 세워졌다. 해방 직후 부산과 경남 일대에서 서양 음악의 씨앗을 뿌리고 음악 대중화에 이바지한 음악인 금수현을 기리기 위한 것이다. 이 노래비를 세운 6개월 뒤 금수현은 이 땅에서 음악이 부여한 자기 소임을 다했다고 여겼는지 8월 31일 향년 73세로 세상을 떠났다.

이렇게 우연히 수집한《음악주보》한 장은 알지 못하던 금수현의 삶으로 나를 이끌었다. 이를 통해 나는 금수현과 그의 시대로 시간여행을 할 수 있었다. 이《음악주보》한 장에는 한 사람의 73년 인생이 담겨 있다. 되돌아보면 그의 73년 인생 자체가 한 편의 음악이었다.

이 자료를 만나지 못했다면 나는 금수현의 삶을 모르고 지나쳤

을 것이다. 그래서 이 자료가 마냥 고맙다. 사소하게 보일 수 있어
도 결코 사소할 수 없는 자료다. 역사 컬렉터로서 내가 옛 자료들을
가볍게 볼 수 없는 이유가 여기에 있다. 낡은 종이 한 장 속에 때로
는 누군가의 삶 전체가 들어 있다.

미스터리한
백두산 정계 지도
- 〈임진목호정계시소모〉(1)

두만강 위쪽 언저리 땅을 간도(間島)라고 부른다. 섬을 뜻하는 '도'가 들어 있지만 섬은 아니다. 이 간도의 귀속을 둘러싸고 1880년대 들어 갑자기 조선과 청 사이에 분쟁이 벌어졌다.

조선과 청은 1712년 국경 답사 후 세운 백두산정계비에 새긴 "西爲鴨綠 東爲土門(서위압록 동위토문)" 중 '토문(강)'의 해석을 둘러싸고 대립했다. 청은 중원을 차지한 뒤에도 본거지인 만주 지방을 그들의 발상지라 여겨 성역화했다. 그런데 조선인 일부가 두만강을 건너 인삼을 캐고 사냥을 하거나, 심지어 살인 사건이 발생하는 등 청과 종종 갈등했다. 청은 양국 국경을 명확히 하자고 제안했고, 숙종 38년인 1712년 조선 대표 박권(朴權)과 청 대표 목극등(穆克登)이 백두산 일대를 답사하고 정계비를 세운다. 그런데 정계비가 세워지고 한동안 별문제 없다가 170년 정도가 지난 1880년대에 접어들면서 갑자기 간도가 양국 간 분쟁 지역이 되었고, 그것을 규명하기 위해 백두산정계비가 소환된 것이다.

일이 이렇게 된 데는 청의 만주 개발 정책과 연관이 있다. 청은 그동안 금지해 왔던 만주 개발을 1880년대 들어 본격적으로 시작한다. 당시 간도는 봉금(封禁; 일정한 지역에 들어가지 못하게 막음) 지역이었으나 이미 많은 조선인이 땅을 개간해 살고 있었다. 청은 자신들 땅에 사는 조선인에게 퇴거를 명했고, 조선 정부는 이에 반발해 간도가 조선 땅이라며 맞섰다. 이 문제로 조선과 청은 1885년과 1887년 두 차례에 걸쳐 국경 회담을 벌이는데, 이때 가장 첨예하게 맞선 부분이 백두산정계비의 '토문(강)'을 어디로 해석할 것인가였다.

조선은 토문강(土門江)을 백두산 천지에서 북으로 흘러가는 송화강의 지류라 주장했고, 청은 동해로 흘러가는 두만강이라 주장했다. 토문강을 어떻게 보는가에 따라 간도가 조선 땅이 될 수도, 청의 땅이 될 수도 있었다. 이 분쟁을 '간도 귀속 분쟁'이라고 한다. 그렇다면 백두산정계비를 세울 당시 비에 새긴 토문강은 실제로 어디였을까?

흥분할 만한 지도 하나가 나타났다. 꽤 오래 전인 2006년 4월 하순 어느 경매에서였다. 지도에는 〈임진목호정계시소모(壬辰穆胡定界時所模)〉라는 제목이 적혀 있었다. 해석하면 '임진년 목호가 정계 때 기준(또는 표준)으로 삼은 지도' 정도 된다. '소모지도(所模之圖)'에서 '지도'라는 두 글자가 생략된 것으로 보인다. 첫 부분 임진은 '임진년'으로 백두산정계비를 세운 1712년을 뜻한다. '목씨 성을 가진 오랑캐'라는 뜻으로 쓴 목호는 백두산정계비를 세울 당시 청 대표 이름이 목극등이었으므로 그를 비하하는 표현으로 보인다. 이 지도 제목은 조선에서 지었을 것이다. 청이 목호라는 표현을 썼을 리 없다.

지도에는 백두산 주변의 산세와 정상 부근에 백두산정계비로 보이는 비석이 그려져 있다. 백두산정계비 대신 "江源碑(강원비)", 곧 강의 근원을 밝히는 비라고 썼다. 지도는 가로 50cm, 세로 30cm 크기의 한지에 그린 채색 필사본이다. 지도 위에는 백두산 일대 답사 당시 지나간 경로를 나타낸 듯한 붉은 선이 있다.

경매 시작가는 무려 220만 원. 나는 단박에 이 지도가 범상치 않다고 느꼈다. 이 지도가 정계 당시 그려진 것이라면, 목극등이 백두산정계비 건립 당시 조사한 백두산 주변 지리와 그들이 지나간 경로를 고스란히 담고 있을 것이다. 게다가 뒷날 간도 귀속 분쟁의 원인이 되는 토문강의 위치를 백두산정계비 건립 당시에는 어떻게 인식했는지를 정확히 확인할 수도 있을 것이다. 이 지도와 관련해 검색해 봤으나 비슷한 지도를 어디서도 찾을 수 없었다. 이전에 알려진 적 없는 지도 같았다. 그렇다면 백두산 정계 당시 여정을 그린 지도 최초 발견?

이 지도의 진위는 오롯이 내가 판단해야 할 몫이었다. 심사숙고에 들어갔다. 탐구 끝에 이 지도가 위작이 아니라 진품일 가능성이 훨씬 크다는 결론에 도달했다. 그 근거는 다음과 같다.

첫째, 지도 위의 글씨체가 요즘 사람의 것으로 보기 힘들었다. 전혀 어설픈 느낌을 주지 않았다. 한자를 생활 도구로 사용한 사람만이 풍기는 문자향과 아우라가 담겨 있었다. 또한 백두산 주변의 산이나 물길 이름이 아주 상세했다. 뒷날 위작으로 만들기에 쉽지 않아 보였다.

둘째, 종이의 재질이나 얼룩 자국 등이 얼핏 봐도 200~300년 이상은 되어 보였다.

셋째, 지도 위의 붉은색 줄 가운데 한 줄은 백두산 정상까지 간 것으로 보아 청나라 대표 측의 경로 같았다. 그리고 실선 위에 작은 점들을 찍어 구분한 또 한 줄은 산 중턱에 걸쳐 있는 것으로 보아 정상에 오르지 않은 조선 대표 박권 일행의 경로 같았다. 두 선을 검토하니 실제 문헌 기록에 나오는 두 나라 대표단의 이동 경로와 거의 일치했다. 붉은 선 위의 동그라미와 세모 표시는 그들이 중간 중간 유숙한 곳들이다.

넷째, 백두산정계비를 조선에서는 백두산정계비, 청에서는 목석(穆石)이라 부르지만, 건립 당시에는 강원비라 불렀다. 이 지도 속 비석 옆에는 강원비라고 쓰여 있다. 위조하기에 쉽지 않은 표현이다.

다섯째, 지도 제목에 목극등이라는 본명이 아니라 목호라고 한 것도 의미심장하다. 당대 사람들이 관행적으로 불렀던 이름은 그들에게는 자연스럽고 익숙하겠지만, 한참 후세대 사람들에게는 낯설기 마련이다.

이런 정황 증거들이 아니더라도 오랫동안 관심을 가지고 수집해 온 컬렉터의 촉이란 것이 있다. 그냥 그런 느낌이 있다. 나는 이 느낌을 믿고 경매에 응찰했고, 몇 명과의 치열한 경합 끝에 손에 쥐었다. 마치 보물 지도를 얻은 것 같았다. 낙찰가는 528만 원! 내 수집품 중 최고가 부류에 속한다.

지도를 손에 쥔 뒤 나는 깊은 고민에 빠졌다. 가능성을 가지고 베팅했지만, 지도의 진위를 어떻게 밝힐 수 있을까? 종이를 조금 뜯

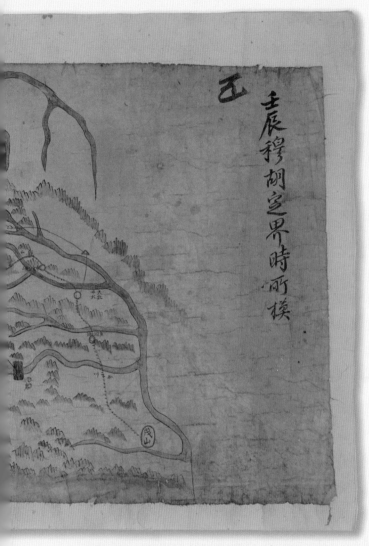

壬辰穆胡定界時所模

2006년 4월 경매에 나온 〈임진목호정계시소모(壬辰穆胡定界時所模)〉. 1712년 백두산정계비를 세울 당시의 백두산 일대의 산세와 물줄기를 충실히 그렸다. 백두산 천지의 물결까지 표현하고 있으며, 천지 아래에 "江源碑(강원비)"라는 이름으로 정계비를 그렸다. 한눈에 봐도 진품의 아우라가 느껴지는 지도다.

어내 언제 것인지 전문 기관에 의뢰할까? 그러나 위작을 만들려고 작정하면 오래된 종이를 구해서 그 위에 지도를 베껴 넣는 방법도 있지 않은가?

그런데 그보다 먼저 밝혀야 하는 사실이 있다. 이런 지도가 어떻게 제작되고, 또 어떻게 지금까지 현존할 수 있는지를 관련 기록을 통해 확인하는 것이다. '목극등이 정계비를 세울 때 표준(혹은 기준)으로 삼은 지도'라는 제목이 맞으려면 그 실증적 증거를 찾아야만 한다. 조선과 청이 공동으로 지도를 제작했든, 청나라 측에서 자신들의 지도를 베껴서 주었든 관련 기록이 존재해야만 한다.

나는 당시 조선의 접반사(接伴使; 외국의 사신을 맞아 접대하는 관원) 박권, 그리고 동행한 군관 혹은 통역관의 자료를 꼼꼼히 검토했다. 조선 대표 일행과 동행한 화원(畫員)은 따로 보이지 않았다. 조선 측에서 이 지도를 그렸을 가능성은 작다는 뜻이다. 그러던 중 눈에 띄는 기록을 찾았다. 정계비 건립 당시 아들과 함께 역관으로 참가한 김지남이 쓴 《북정록(北征錄)》에 매우 흥미로운 대목이 나왔다.

《북정록》의 기록을 따라가 보자. 답사 첫날부터 목극등은 조선의 대표 격인 접반사 박권과 함경도 관찰사 이선부가 연로하다는 이유로 동행을 허락하지 않았다. 시비가 발생하는 것을 막고 자기 마음대로 정계하겠다는 의도를 드러냈다. 그러자 조선 측은 박권과 이선부 중 한 명이라도 동행할 수 있도록 다시 요청했다. 목극등은 그 역시 허락하지 않았다. 이튿날 목극등은 수역(首譯; 수석 통역관) 김지남마저 연로하다는 이유로 제외하는데, 이때 김지남은 목극등에게 다음과 같이 호소한다. 《북정록》 1712년 5월 8일 기록이다.*

소관(小官)은 조선의 백성이요, 백두산 또한 조선의 땅으로 우리나라의 명산으로 전해져 오는 곳입니다. 원컨대 그곳에 한 번 올라가 보는 것이 평생의 소원이었지만, 길이 너무 멀어 이룰 수 없었습니다. 이번 행차에 대인께서 소관의 늙고 병든 것을 불쌍히 여겨 동행을 허락지 않으시니, 백두산의 진면목을 한 번 보려는 소원이 허사로 돌아가게 되었습니다. 대인께서는 반드시 유윤길(劉允吉) 화사원(畵師員)으로 하여금 산의 형세를 그림으로 그리게 하여 한 폭을 내려 주신다면, 소관의 평생소원을 대신할 수 있겠습니다. 그렇게 해 주신다면 대인의 은덕을 어찌 다 헤아리겠습니까?

이에 대한 목극등의 답.

대국의 산천은 그림으로 그려 줄 수 없지만, 백두산은 이미 그대들 나라 땅이니 그림 한 폭 그려 주는 것이 어찌 어렵겠는가?

이렇게 김지남은 목극등으로부터 지도 한 벌을 약속받았다. 정계비가 세워진 것은 그로부터 일주일 후인 5월 15일이었고, 다시

* 이하 인용문들은 다음을 참고. 김지남 외, 이상태 외 역, 《조선시대 선비들의 백두산 답사기》, 혜안, 101~102쪽.

수집품이 들려주는 역사

일주일 후인 5월 23일 청 대표 일행은 무산부 객사에서 완성된 지도를 김지남에게 보여 준다. 다음날인 5월 24일 목극등은 약속에 따라 무산부 풍산진에서 같은 지도를 한 벌 더 만들어 "산도(山圖) 1본은 돌아가 황상께 아뢰어야 하고, 1본은 마땅히 국왕 앞으로 보내야 한다"라면서 백두산 지도 한 벌을 김지남을 통해 조선 측에 전달한다.

정리하면, 백두산 정계 때 청나라 화원 유윤길이 지도를 그렸고 그 지도를 한 부 똑같이 모사해 조선에 주었다는 것이다. 청나라 측이 지도를 모사해 준 것이긴 하지만, 청나라 화원 유윤길이 똑같이 그린 것이므로 당시 정계 사실을 담은 두 장의 원본 지도가 만들어졌다고 볼 수 있다.

여기에 이어지는 흥미로운 이야기가 있다. 역시 《북정록》의 기록이다. 처음 목극등이 조선 측에 그려 준 지도에는 정계비를 기준으로 왼쪽으로 흐르는 물줄기에만 "鴨綠江源(압록강원)"이라고 적혀 있었다. 그런데 압록강의 근원은 위쪽에 한 줄기가 더 있었고, 이 물줄기는 천지에서 서북쪽으로 내려오는 것이었다. 거기에는 아무런 표기가 없었다. 문제는 백두산정계비에서 시작하는 '압록강의 물줄기'만을 경계로 정하면 백두산 정상 부분은 청의 영토가 되어 버린다. 그래서 더 위쪽에 있는 나머지 물줄기도 '압록강의 근원'임을 명확히 해야만 백두산 천지까지 조선 국경선을 끌어올릴 수 있었다.

이를 간파한 조선 측에서는 김지남을 목극등에게 보내 천지에서 발원하는 나머지 물줄기에도 '압록강원'을 써 달라고 요청했다. 비록 네 자에 불과하지만, 천지 귀속과 관련한 중요한 문제였다. 김지남은 들고 간 지도를 펴고 목극등에게 이렇게 말했다.

이 지도를 보면 압록강의 근원이 처음에는 두 갈래인데, 한 줄기에는 강의 근원이라고 쓰고 한 줄기에는 쓴 바가 없으니 지금 만약 국왕 어전에 이 지도를 바치면 이 하나에는 왜 이름을 쓰지 않았느냐고 반드시 물을 것입니다. 우리들 왕명을 받들고 나온 신하의 도리로서 어찌 황공하지 않겠습니까? 바라건대 대인께서는 이러한 이치와 형세를 양해해 주시어 다른 한쪽에도 이름을 써 주는 일을 화공 유윤길에게 하교해 주심이 어떠하겠습니까?

목극등은 처음에는 허락하지 않았다. 강의 물줄기가 어떻게 여러 개 있을 수 있느냐는 논리였다. 돌아가 황제가 강 물줄기가 왜 두 개냐고 물으면 대답하기 힘들다는 것. 이에 김지남은 조선 측에 그려 준 지도만이라도 '압록강원'을 써 줄 것을 다시 요청한다. 그러자 목극등은 웃으며 "이 산에 무슨 보배라도 산출되느냐? 부득이 너의 말을 따르겠다"라며 유윤길을 불러 "이 서북쪽 강줄기의 머리에도 '압록강원' 네 자를 써 주라"라는 명령을 내린다. 그리고 자신들의 지도에도 똑같이 네 자를 써넣도록 했다. 이로써 조선의 왼쪽 경계가 백두산 천지 부근까지 확장될 수 있었다. 김지남을 '백두산 천지를 찾은 외교관'이라고 부르는 이유다.

수집품이 들려주는 역사

놀랍게도 내가 수집한 지도에는 천지에서 발원하는 서북쪽 물줄기에도 똑같이 "압록강원"이라고 쓰여 있다.《북정록》기록과 정확히 일치하는 것이다. 지도에 대한 내 신뢰는 더욱 높아졌다. 정말로 이 지도는 범상치 않다.

여기까지 확인한 후 나는 더욱 깊은 고민에 빠졌다. 이 지도는 정계비를 기준으로 왼쪽으로 흐르는 강에는 압록강, 오른쪽으로 흐르는 강에는 토문강이라고 표시했다. 정계비에 '서위압록 동위토문'이라고 되어 있으니 두 강을 지도에 표시한 것은 당연하다. 천지에서 내려오는 토문강 물줄기는 대각봉을 지난 뒤 잠시 땅속으로 흘러들어 간다. 지도에서는 이 부분을 '땅속으로 하천이 흐른다'는 뜻의 "入地暗流(입지암류)"라고 표기한다. 그리고 땅 밑으로 흐르는 물줄기가 다시 지표로 나오는데 지도에서는 이 부분을 "水出(수출)"이라고 표기한다. 이 물줄기는 그 뒤 대홍단수, 어윤강 등 몇 개의 지류를 품으면서 무산 쪽으로 흘러간다. 앗, 두만강! 명확히 이 강은 두만강이다. 백두산정계비에 기록된 토문강은 바로 두만강이다.

앞에서 말했듯이 간도 귀속 분쟁이 일어났을 때 토문강의 해석을 두고 청은 두만강, 조선은 송화강이라며 크게 대립했다. 이 지도가 정계 당시 그린 지도가 분명하다면 간도 귀속 분쟁과 관련해서 우리에게 불리한 지도가 되는 셈이다. 게다가 백두산정계비가 건립된 1712년 당시 상황을 반영했을 가능성 때문에 그 무게감은 다른 지도보다 클 수밖에 없다.

그 뒤 나는 이 지도를 학생들에게 보여 주면서도 미심쩍은 마음을 완전히 떨치지 못하고 있었다. 내가 지도 전문 위조꾼들에게 속아 거금을 낭비한 것은 아닐까? 저 지도는 정말 그때 그린 것일까? 나는 지도 한 장을 놓고 검증 불가능한 미지의 세계를 헤매다 결국 길을 잃고 말았다.

이 지도가 1712년 백두산 정계 당시 만들어진 지도라는 것을 명확히 증명할 자료를 더 이상 찾을 수 없었다. 그래, 자신 없으면 수집하는 게 아니었어. 지도는 지도 전문가에게 가는 게 나을 뻔했어. 이런 생각들이 불쑥불쑥 솟구쳤다. 그리고 얼마 뒤 지도는 백두산 정계비 건립과 관련한 수많은 비밀을 숨긴 채 역사 컬렉터의 다락방 깊숙한 곳에 잠들었다. 언제 깨어날지 기약도 없이.

세 장의
쌍둥이 지도

- 〈임진목호정계시소모〉(2)

2021년 11월 중순, 이삿짐을 정리하다가 다락방 한쪽에 잠들어 있는 〈임진목호정계시소모〉와 조우했다. 2006년에 수집했으니 이미 15년이 지나 수집 당시의 흥분은 사라진 지 오래였다. 지도로서는 자기를 무람없이 시큰둥하게 대하는 컬렉터가 퍽이나 서운했을 것이다. 그런데 그놈의 촉이 또 발동한다. 혹시나 하는 마음에 지도 이름으로 검색을 했다.

놀랍게도 흥미로운 기사가 하나 뜬다. 지도 수집 후 6년이 지난 2012년 10월 18일 〈서울신문〉 기사다. "백두산정계비 여정 그린 지도 첫 발견." 눈이 둥그레진 나는 기사를 유심히 살폈다. 1890년 프랑스 공사관 통역서기관으로 조선을 방문한 동양학자 모리스 쿠랑(Maurice Courant)이 당시 수집해 간 우리나라 고서가 프랑스의 한 연구 기관에서 대량 발견되었다는 것이다.

국립중앙도서관이 해외 한국 고서 디지털화 사업의 일환으로 콜레주 드 프랑스(Collège de France)가 소장하고 있는 한국 고서를 조사하던 중 2012년 모리스 쿠랑이 수집한 우리나라 고서 254책을 확인했다는 설명이 이어졌다. 이 고서 가운데 《천하제국도(天下諸國圖)》라는 지도책이 있는데, 필사본으로 만든 이 책은 이전에 알려진 바 없었다. 책에 실린 여러 지도 중 단연 사람들의 눈길을 끈 것이

바로 〈임진목호정계시소모〉(이하 '모리스쿠랑정계지도')였다.

2006년 내가 수집한 지도(이하 '컬렉터정계지도')와 같은 제목이다. 컬렉터정계지도 발견 당시 국립중앙도서관은 "정계비 여정 지도는 아직 유사한 자료가 발견되지 않은 것으로 보여 좀 더 깊은 연구가 필요하다"라고 밝혔다. 모리스쿠랑정계지도는 컬렉터정계지도와 제목만이 아니라 내용도 거의 똑같다. 다만 제목 부분에 네모 테두리를 따로 두르고 제목의 '목호' 오른쪽 아래에 작은 글씨로 "克登(극등)"이라는 목극등 본명을 덧붙인 점이 달랐다. 크기는 가로 35cm, 세로 30cm로 컬렉터정계지도보다 다소 작다. 50cm인 내 지도보다 가로 길이가 15cm 정도 짧아서인지 전체적으로 좌우가 빽빽한 느낌이다.

나는 이 지도를 보고 몹시 흥분했다. 무엇보다 이 지도를 통해 2006년 수집한 정계 지도가 최소한 근래 제작된 위작이 아니라는 사실이 증명되었기 때문이다. 이런 부류의 정계 지도가 흔하다면 여기저기서 베끼는 것이 가능하겠지만, 이 지도는 베낄 모본(母本) 구하기부터가 쉽지 않다. 게다가 내가 지도를 수집한 시점이 모리스쿠랑정계지도의 존재가 알려지기 6년 전이라는 사실도 중요하다. 모리스쿠랑정계지도가 알려진 2012년 이후에 비슷한 지도가 경매에 나왔다면 위작이라 의심할 수 있겠지만, 내가 수집한 시점은 2012년보다 6년 빠른 2006년이었다. 분명한 것은 목극등이 김지남을 통해 조선에 넘겨 준 원본 지도가 어디에 있는지 몰라도, 당시 그 지도 모사본이 일부 제작되었을 것이라는 사실이다. 그중 확

수집품이 들려주는 역사

인되는 것이 컬렉터정계지도 한 장, 모리스쿠랑정계지도 한 장, 이렇게 두 장인 셈이다.

모리스쿠랑정계지도의 존재를 확인한 후 이전의 열정을 되찾은 나는 '임진목호정계시소모'라는 이름으로 맹렬하게 검색하기 시작했다. 비슷한 두 장의 지도가 존재한다면 또 다른 지도가 없으리란 법이 없었다. 이 과정에서 또 한 점의 〈임진목호정계시소모〉가 등장했다. 이 지도 역시 한 장짜리 단독 지도가 아니라 《여지도(輿地圖)》라는 지도책 속에 들어 있었다. 《여지도》는 현재 서울대 규장각 한국학중앙연구원이 소장하고 있는데, 알려진 지 꽤 되었으나 내가 미처 그 존재를 알지 못했다.

《여지도》는 가로 21.2cm, 세로 31.8cm 크기의 40쪽짜리 지도첩으로, 안에는 〈천하제국도(天下諸國圖)〉, 〈중국도(中國圖)〉, 〈동국팔도대총도(東國八道大總圖)〉, 〈팔도도별도(八道道別圖)〉 등과 함께 〈임진목호정계시소모〉가 실려 있다. 펼친 면으로 그렸으므로 〈임진목호정계시소모〉(이하 '규장각정계지도')의 크기는 가로 42.4cm, 세로 31.8cm다. 컬렉터정계지도보다 작고 모리스쿠랑정계지도보다 크다. 지도 내용은 앞서 언급한 두 지도와 거의 같다. 다만, 가운데 접힌 부분이 일부 훼손되어서 나머지 두 지도에 비해 상태는 나쁜 편이다.

컬렉터정계지도, 모리스쿠랑정계지도, 규장각정계지도, 이렇게 세쌍둥이를 확인한 나는 이 지도들을 꼼꼼히 비교하기로 했다. 먼저 제작 시기다. 어느 지도가 제일 먼저 만들어졌을까? 컬렉터정계

지도는 나머지 두 지도와 비슷한 시기에 제작된 것으로 보이지만, 한 장짜리 지도이고 지도 위에 제작 시기를 알 수 있는 특별한 단서가 없다. 1712년 백두산정계비 건립 이후에 만들어진 것 정도로만 규정해 놓고, 먼저 나머지 두 지도의 선후 관계부터 따져 보자.

《여지도》와 《천하제국도》 모두 제작자와 제작처를 따로 표기하지 않아 정확한 편찬 경위를 알 수 없다. 다만 선명하고 화려한 색감과 정선된 글씨체, 지도에 담긴 내용들이 일반인의 요구 수준을 넘어선다는 점을 고려할 때 관청에서 만든 지도책, 곧 관찬(官撰) 지도책으로 보인다. 또한 두 책의 본문 구조나 내용이 전체적으로 비슷해서 분명 어느 하나가 나머지를 참고해 만든 것으로 보인다.

한국학중앙연구원 정대영 교수는 2013년 〈콜레주 드 프랑스 소장 《天下諸國圖》 연구〉라는 논문에서 《천하제국도》와 《여지도》를 비교한다. 이 논문에서는 경상도 지명에 표기된 안음(安陰), 산음(山陰)을 근거로 《여지도》가 1767년 이전에 제작되었고, 경상도 지명에 표기된 안의(安義), 산청(山淸)을 근거로 《천하제국도》가 1767년 이후에 제작되었다고 판단한다. 이 논문의 결론만 옳기면 《여지도》는 영조 때인 1735~1767년쯤 제작되었고, 《여지도》를 대폭 참고하거나 모방한 《천하제국도》는 영조 후반에서 정조 연간에 걸치는 1767~1795년에 제작되었다. 그러므로 두 지도책 속에 들어 있는 두 장의 백두산 정계 지도의 제작 시기 역시 책의 선후 관계와 같다. 규장각정계지도가 먼저, 모리스쿠랑정계지도가 뒤에 만들어졌다는 뜻이다.

수집품이 들려주는 역사

그렇다면 컬렉터정계지도는 언제 만들어졌을까? 규장각정계지도를 보면서 추론해 보자. 규장각정계지도를 꼼꼼히 살펴보면 치명적 오류 하나를 발견할 수 있다. 백두산 정계 지도에서 제일 중요한 부분은 조선과 청이 경계로 정한 압록강과 토문강 표기다. 그런데 규장각정계지도에는 백두산정계비 부근에 토문은 없고 "玉門(옥문)"만 있다. 정계비 옆 토문강이라고 써야 할 부분에 옥문이라고 쓴 것이다. 그리고 규장각정계지도보다 뒤에 만들어진 모리스쿠랑정계지도에는 토문 자리에 "玉關(옥관)"이라고 썼다. 관은 문(門)과 거의 같은 뜻이므로 옥관은 옥문과 같다고 할 수 있다. 지도를 모사하면서 규장각정계지도는 토문을 옥문으로, 모리스쿠랑정계지도는 옥문을 다시 옥관으로 잘못 베낀 것이다. 두 번의 변용을 거치면서 원래 이 물줄기 이름이 무엇인지 알기 어렵게 되었다. 유일하게 컬렉터정계지도만이 정계비 오른쪽의 물줄기에 '圡门江(토문강)' 표기를 해 놓았다. 더 정확히 말하면 "圡门江"이라고 했는데, 土에 점 하나를 더 찍은 圡는 土의 속자(俗字)로 土와 같고, 门은 門의 약자다. 그중 圡는 얼핏 보면 '구슬 옥(玉)'으로 혼동하기 쉽다.

이제 컬렉터정계지도를 집어넣어 세 장의 지도가 만들어진 순서를 따져 보자. 토문강을 토문강이라고 쓴 컬렉터정계지도와 옥문이라고 쓴 규장각정계지도, 옥관이라고 쓴 모리스쿠랑정계지도 중 어느 지도가 가장 사실에 부합하고 제작 시기가 빠를까? 토문을 옥문이나 옥관으로 바꾸어 쓸 특별한 이유가 없다면, 이것은 명백히 지도 모사 과정에서 발생한 와자(訛字; 잘못 쓴 글자)라고 볼 수밖에 없다. 컬렉터정계지도는 속자와 약자로 쓰긴 했지만, 분명히 토문강이라고 썼다. 그런데 나머지 두 지도는 아예 글자를 잘못 썼다.

규장각정계지도에는 이 실수만 있는 것이 아니다. 지도 제목의 목호 밑에 작은 글씨로 쓴 목극등의 이름을 극등(克登)이 아니라 "克澄(극징)"으로 잘못 썼다. 백두산 정계로부터 상당한 시간이 흐른 뒤에 지도를 모사했을 때 일어날 수 있는 실수다. 정계 직후였다면 목극등이나 토문강을 이렇게 어처구니없게 쓰지는 않았을 것이다.

실수가 잦기로는 모리스쿠랑정계지도가 실린 《천하제국도》도 만만찮다. 《천하제국도》에는 오늘날 두만강이라고 부르는 강을 표기한 지도가 세 장 들어 있는데, 강의 이름을 모두 다르게 쓰고 있다. 순서대로 보면, 먼저 5~6쪽에 있는 〈성경여지전도(盛京輿地全圖)〉에는 "土門江(토문강)"이라고 표기했다. 이어 나오는 11~12쪽의 〈임진목호정계시소모〉에는 "玉關(옥관)", 바로 다음 장인 13~14쪽의 〈동국팔도대총도〉에는 "豆滿江(두만강)"이라고 썼다. 도대체 일관성이 없다.

이렇게 비슷한 방식으로 만들어진 세 장의 지도 중 토문강을 정확히 표기한 컬렉터정계지도가 옥문이나 옥관으로 발전시킨 나머지 지도들보다 시기적으로 가장 이르고, 원본에 가장 가깝다고 평가할 수 있다. 따라서 사료적 가치 역시 가장 크다. 이것이 세 장의 비슷한 백두산 정계 지도를 검토·비교해 내가 내린 결론이다. 자기 소장품이라고 자화자찬한다는 편잔을 들을지 모르겠지만 사실은 사실이다. 그림과 글씨 수준 역시 컬렉터정계지도가 가장 뛰어나

백두산 정계 지도 세 장의 백두산 천지와 정계비 주변부다. 왼쪽 위는 컬렉터정계지도, 그 아래는 규장각정계지도, 오른쪽 위는 모리스쿠랑정계지도다. 세 지도는 각기 토문강을 "土 門江(토문강)", "玉門(옥문)", "玉關(옥관)"으로 표기했다. 왼쪽 위에서 아래, 그리고 오른쪽 위 순서가 지도 제작 순서로 보인다.

다. 컬렉터정계지도는 그림이나 글씨가 가장 세밀한 편으로, 백두산 천지 표현만 보더라도 먹으로 대충 칠한 다른 지도들과 달리 천지의 일렁이는 물결까지 표현하고 있다.

그러나 여전히 남는 의문! 과연 목극등이 조선에 준 그 지도는 현존할까? 모사본 가운데 가장 뛰어나다고 자평한 컬렉터정계지도가 혹시 원본 지도일 가능성은 없을까? 일단 형태상으로는 긍정적이다. 규장각정계지도와 모리스쿠랑정계지도는 다른 지도들과 묶여 편찬되었지만, 컬렉터정계지도는 한 장으로 되어 있다. 만약 목극등이 조선에 준 지도가 남아 있다면 그것 역시 컬렉터정계지도처럼 낱장으로 존재할 가능성이 크다. 그런 점에서 이 지도가 다른지도들보다 원본에 가까울 수 있다.

그러나 컬렉터정계지도를 원본으로 보기 힘든 두 가지 문제점이 있다. 첫째, 기록에 따르면 지도 원본은 박권을 통해 숙종에게 보고되었다. 그런데 국왕에게 올린 지도로 보기에는 내용을 떠나 형식에서 질이 떨어진다. 기록의 나라 조선에서《의궤》수준으로 고급스럽게 만들지는 않더라도, 왕에게 올릴 정도의 외형적 품격을 갖추어야 할 것이다. 최소한 격을 갖춘 도장 한두 개는 찍혀 있어야 하지 않을까?

둘째, 김지남의 비갈(碑碣)기록과 컬렉터정계지도 상태가 서로 호응하지 않는다. 내가 지도를 수집한 후 2년이 지난 2008년 8월 정계비 건립 당시 활동했던 김지남의 묘가 고양에서 발견되었다. 묘 앞에 세운 비갈에는 백두산정계비를 세운 과정과 의미가 새겨져 있다. 《조선왕조실록》에 없는 내용이라 흥미롭다. 이 기록에 따르면, 목극등이 박권을 통해 조선에 준 지도를 숙종에게 바쳤을 때 숙종은 그 지도를 보고 감격하며 직접 다음과 같은 시를 지어 지도 위에 썼다고 한다.

繪畫觀猶壯 그림을 보기만 해도 장쾌한데
登山氣若何 산에 올라 보면 그 기세 어떠할까?
向時爭界慮 예전 국경을 다투던 생각일랑
從此自消磨 이때부터 저절로 사라졌겠지.

김지남 사망 후 그의 아들이 썼다는 이 비갈의 기록이 맞다면 목극등이 조선에 준 지도 원본 위에 숙종이 쓴 시가 있어야 한다. 그런데 컬렉터정계지도 어디에도 시는 보이지 않는다.

안타깝게도 나는 《조선왕조실록》 등 어디에서도 원본 지도의 행방에 대한 더 이상의 설명을 찾을 수 없었다. 원본은 유실되었을 수 있고, 왕실 문서 더미 속에 묻혀 있을 수 있다. 기록이 없어 명확하지 않지만, 목극등으로부터 백두산 정계 지도를 한 부 받은 조선 정부는 따로 모사본을 제작했을 것이다. 그렇지 않다면 거의 같은 형식의 정계 지도가 세 장이나 발견될 수 없다. 그렇다면 앞으로 이와 비슷한 지도가 추가로 발견될 수 있다. 그건 더 이상 놀라운 이야기가 아니다.

이와 관련해 컬렉터정계지도에서 눈에 띄는 부분이 있다. 다른 지도들에 없는 글자가 하나 보이는데, 제목 왼쪽 옆에 흘려 쓴 "五(5)"다. 왜 '5'라는 숫자를 썼을까? 조심스럽게 유추해 본다. 혹시 목극등이 준 지도를 조선 정부가 처음 모사할 때 표시한 에디션 번호가 아니었을까? 그렇다면 원본의 다섯 번째 모사본이라는 뜻이 아닐까?

16년간 이어진 컬렉터의 지도 탐구는 여기까지다. 지도는 역시 내 전문 분야가 아니다. 하지만 나는 이 지도를 탐구하면서 가슴 뛰는 탐구의 즐거움을 누렸다. 백두산 정계 당시의 역사를 오롯이 담고 있는 이 지도에는 500만 원 너머의 가치가 있다.

뒷이야기.

〈임진목호정계시소모〉에 관한 글을 〈레디앙〉에 올린 것은 2022년 1월이다. 1년이 지난 2023년 5월 중순, 그 글을 보고 서울대학교 지리학과 이강원 교수로부터 지도를 꼭 보고 싶다는 연락이 왔다. 마침 시간이 나서 직접 교수실로 지도를 들고 갔다. 지도를 본 이강원 교수는 관찬 지도로 보이며 위작이 아닌 것 같다고 평가했다. 그는 지도 사진을 여러 장 찍은 뒤 지도를 자신이 쓰고 있는 새 논문에 사용할 수 있겠느냐고 양해를 구했다. 대신 자신이 백두산정계비 일대를 답사한 사진들을 줄 테니 책 낼 때 필요하면 사용하라고 했다. 나는 좋다고 화답했다. 이 교수와 나는 두 시간 가까이 지도를 사이에 두고 많은 이야기를 나눴다. 헤어지면서 그는 자신이 쓴 논문 여러 편을 선물로 주었다. 300년 전에 만들어진 지도 한 점이 이렇게 나를 백두산정계비를 연구하는 지리학자와 연결해 주었다. 지금 〈임진목호정계시소모〉는 학술 논문에 화려하게 데뷔할 날을 두근두근 기다리고 있다.

수집품이 들려주는 역사

6

수집을 통해

배우는

삶의 지혜

쓸 모 없 음 의
쓸 모

2000년대 초반 《조선인의 사상과 성격(朝鮮人の思想と性格)》이라
는 제목의 심상치 않은 책자 하나를 만났다. 이 책은 1927년 조선
총독부가 식민지 조선에 대한 효율적인 통치를 위해 만든 비밀 자
료다. 일본어로 된 이 책의 표지 왼쪽에 "秘(비)"라는 도장이 찍혀
있다. 보안 유지가 필요한 책이라는 뜻이다. 한참 수집에 재미를 붙
이고 있던 시기, 이 책은 한마디로 나에게 '충격과 설렘'이었다.

흥분한 나는 수십만 원에 책을 낙찰받고 얼마 뒤 우편으로 받아
볼 수 있었다. '부산중학교 교우회' 도장이 찍힌 것으로 보아 총독
부에서 학교 교장들에게 배포한 것으로 보였다. 표지에는 '대외비
조사 자료 제20집'이라고 쓰여 있었다. 총독부가 통치를 위한 기초
자료로 만든 시리즈 같았다. 찾아보니 조선총독부는 효율적인 식
민 통치 정책을 추진하기 위해 식민지 조선의 민속, 풍습, 생활, 언
어, 역사, 문화, 민족성, 종교 등을 조사해 자료집을 발간했는데 무
려 40종이 넘는다.

내가 수집한 책은 조선총독부 관방문서과에서 펴냈다. 관방문서
과장은 서문에서 '본집(本輯)은 주로 조선의 사상 및 그 성격을 조사
연구하는 자료로 간주하여 각 방면으로 본 조선인의 사상과 성격
관을 모아 집성시킨 것에 불과하나, 이것만으로도 어느 정도 조선

수집을 통해 배우는 삶의 지혜

조선총독부가 1927년 대외비 자료로 만든 《조선인의 사상과 성격(朝鮮人の思想と性格)》(왼쪽)과 1995년 발간된 번역본 《日帝植民官僚(일제식민관료)가 분석한 朝鮮人(조선인)》(오른쪽). 수집 초창기 나에게 허망함과 함께 무용지용을 깨우쳐 준 책이다.

인을 이해하는 데 도움이 될 것이다'라고 밝힌다. 편집자는 무라야
마 지준(村山智順)으로, 도쿄제국대학 졸업 후 총독부 촉탁으로 일
하면서 조선인의 생활, 사회제도, 사상, 민속종교, 신앙, 풍수, 전통
놀이 등을 다양하게 조사해 기록으로 남겼다.

　나는 이 책을 혼자 보기 아까웠다. 일단 번역하고 내용이 괜찮으
면 약간의 해제를 붙여 광복절쯤에 책으로 펴낼 창대한 계획까지
세운 뒤 번역자를 물색했다. 당시 한국과학기술원(KAIST)에 다니
던 제자 P가 일본어를 잘하는 친구라면서 J를 소개해서 그에게 번
역을 부탁했다. 번역은 약 두 달 만에 끝났다. A4 80쪽 정도 분량으
로, 장당 1만 원씩 계산해 80만 원을 지급했다. 번역 원고를 대략 검
토하니 내용이 꽤 괜찮았다. 이제 모든 준비는 끝났다. 의미 있는 책
하나를 낼 수 있다는 기대감으로 마음이 설레었다. 광복절까지 시
간이 촉박했다.

　그로부터 얼마쯤 지났을까? 우연히 헌책방에 갔다가 충격적인
책을 보고 말았다. 서가에 조용히 꽂혀 있는 책, 제목은《日帝植民官
僚(일제식민관료)가 분석한 朝鮮人(조선인): 사상과 성격적 측면》이었
다. 들춰보니 총독부 대외비 조사 자료 제20집《조선인의 사상과
성격》의 번역본이 분명했다. 번역 전에 검색을 안 한 것은 아니었
다. 출판 후 바로 절판되었는지 검색할 때는 분명 나오지 않았다.
아니면 급한 마음에 꼼꼼히 검색하지 못했을 수도 있다. 헌책방에

● 2024년 2월 개봉 후 1,000만 관객을 동원해 신드롬을 일으킨 영화 〈파묘〉에 무라야마 준지
라는 일본 음양사가 나오는데, 실존 인물 무라야마 지준(1891~1968)을 모티브로 했다.

서 발견한 그 책은 광복 50주년인 1995년에 출판되었다. 황당함과 놀란 마음을 진정시키고 책을 사서 서둘러 집에 왔다. 그리고 책의 서문을 펼쳤다. 옮긴이 서문은 이렇게 시작된다.

1984년 여름 쓰꾸바대학 도서관에서 옛 소장했던 서적 및 사료를 뒤적이며 조선총독부의 예산 관련 자료를 찾기에 혈안이 되어 있던 나에게 충격과 설레임으로 마주쳤던 문서가 있었다. 바로 분류되지도 않은 채 먼지를 뒤집어쓰고 있던《조선인의 사상과 성격》이란, 조선총독부에서 발간한 대외비 조사 자료였다. 1927년 조선총독부로부터 기증받았다는 표기와 함께 "조선을 이해하는 데는 조선인의 사상과 성격을 살피는 것이 가장 우선적인 조건이다"로 시작되는 서문을 읽고 나서 목차로 눈길을 돌렸다.[*]

초보 컬렉터의 무모한 도전은 이렇게 허망하게 마침표를 찍었다. 당시 나는 많은 시간과 돈을 쓸데없이 허비하고 말았다. 그런데 다시 곰곰이 생각하니 꼭 그런 건 아니었다. 완전히 의미 없는 일은 아니었다. "충격과 설레임." 번역서 서문에 분명히 이렇게 쓰여 있었다. 옮긴이도 이 책을 발견하고 나와 똑같이 느낀 것이다. 책 속에 내가 들어 있었다.

수집 초기에 나는 외로웠다. 가족을 포함한 주위의 많은 이들이

---

[*] 하종근 옮김,《日帝植民官僚가 분석한 朝鮮人》, 세종출판사, 5쪽.

비용을 들여 옛 자료 모으는 일을 이해하지 못했다. 나는 이 책의 옮긴이 서문에서 수집 세계의 동지를 만났다는 것에 큰 위안을 얻었다. 물론 옮긴이는 연구자일 뿐 수집가가 아닐 수 있지만, 그건 그다지 중요하지 않았다. 옛 자료를 보며 떨리고, 설레고, 흥분하고, 충격받고, 교감하고, 대화하는 이들이 주변에 존재한다는 사실이 든든한 위안이 되었다. 그것으로 80만 원을 퉁치기로 했다.

그뿐이 아니었다. 일단 몇 달간 설렘과 흥분이 있었고, 당시로서는 미지의 세계였던 책 출판을 꿈꾸고 도전한 무모한 경험을 쌓았다. 따지고 보면 세상 사는 게 그렇고 그런 거 아닌가. 정해진 목표대로 일이 진행된다면 얼마나 무료하고 밋밋할까. 이런 돌출과 일탈, 그리고 의외가 우리 삶을 훨씬 재미나고 풍부하게 한다. 쓸모없는 일로 보이지만 쓸모없는 일은 없는 것이다.

일찍이 장자는 혜자에게 땅의 비유를 통해 무용지용(無用之用), 곧 '쓸모없음의 쓸모'를 들려주었다. 곱씹을수록 의미가 깊다.

쓸데가 없음을 알아야만 비로소 쓸 곳을 얘기할 수가 있는 것일세. 땅은 넓고 크기 짝이 없지만, 사람들이 걸을 때 쓰는 것은 발로 밟는 부분일세. 그렇다고 발을 재어가지고 그 밖의 땅을 땅속 황천에 이르기까지 깎아내려 버린다면, 사람들이 그대로 땅을 쓸 수가 있겠는가? 그렇다면 쓸데없는 것의 쓰임도 잘 알게 되었을 것일세.[*]

● 장자, 김학주 옮김, 《장자》, 연암서가, 656쪽.

더욱 날카롭게
더욱 정교하게

언젠가 일제강점기에 조선총독부가 발급한 간이국세조사원 임명장 한 장을 수집했다. 뜻밖에도 발급 연도가 "大韓 十四年(대한 14년)"이다. 조선총독부가 발급한 임명장에 연호가 대한이라는 게 말이 되는가? 그 시기 대한과 독립 같은 말들은 최고의 금기어였다.

그 대한 연호는 원래의 대정(大正)에 몇 개 획을 가필한 것이었다. 변조는 그리 정교하지 못해서 맨눈으로 쉽게 알아챌 수 있다. 게다가 제일 크게 쓴 "朝鮮總督府(조선총독부)"까지는 지우거나 변조하지 못해서 이 문서가 일제강점기에 발급되었다는 사실을 숨기지 못했다. 누가 왜 이렇게 글자를 고쳤을까? 임명장을 받은 인물이 자신의 흑역사를 숨기기 위해서 한 것일까, 아니면 그냥 장난삼아 한 것일까? 이처럼 간단한 조작을 통해서, 혹은 사소한 해석 오류로 역사적 사실이 크게 왜곡될 수 있음을 나는 여러 번 경험했다.

2017년 7월 교복인지 군복인지 모를 옷을 입은 청년 9명이 전쟁터로 나가면서 찍은 기념사진을 수집했다. 사진에는 '10년 후에 다시 만날 동무 1951.1.5.'라고 적혀 있었다. 처음에는 1950~1953년 한국전쟁 때 찍은 사진으로 생각했다. 그도 그럴 것이 1951년 1월 5일이면 1·4후퇴 때였으므로 급박한 상황에서 학도병 출병 기념으로 찍었다고 볼 수밖에 없었다.

그러나 그 추측이 틀렸음을 깨닫는 데 긴 시간이 걸리지 않았다. 낙찰 후 배송받은 사진의 뒷면 왼쪽 구석에 작은 글씨로 "昭和十六年一月五日寫眞(소화 16년 1월 5일 사진)"이라고 적혀 있었다. 소화 16년은 서기로 1941년이다. 이 뜻하지 않은 날짜 때문에 내가 상상했던 모든 시간대는 정확히 10년 전으로 돌아가 버렸다. 즉 1951년 1·4후퇴 때 학도병 입대를 앞두고 10년 뒤를 기약하며 기념사진을 찍은 것이 아니라, 1941년 1월에 친구들이 10년 뒤인 1951년에 다시 만나자며 사진을 찍은 것이다. 그러므로 사진 앞면의 1951년 1월 5일은 사진을 찍은 날이 아니라 다시 만날 날을 미리 박아 둔 것이다. 이렇게 사진 뒷면에 사진을 촬영한 날짜를 작게라도 기록하지 않았다면, 또 그 날짜를 제대로 찾지 못했다면 1941년 중일전쟁 때 지원병은 돌연 1951년 한국전쟁 때 학도의용병이 될 뻔했다. 단열한 글자가 가진 힘이었다.

이보다 더 극적인 사례가 있다. 2015년 광복절을 약 두 달 앞둔 6월이었다. 나는 온라인 경매에 올라온 흥미로운 사진 한 장을 발견했다. 남자 십여 명이 태극기 두 장을 배경으로 술집에서 만세를 부르고 있는 사진인데, 해방의 기쁨을 표현한 것으로 보였다. 표정을 보면 보통 기쁜 것이 아니어서 아예 환호성을 지르고 있다. 해방의 기쁨이 아니고서는 나오기 힘든 표정들이다. 마치 "조선 독립만세!"라고 외치는 것 같다. 1945년 8월 16일 서대문형무소에서 출소하며 만세를 부르는 독립운동가들의 사진이 해방의 감격을 상징하는 사진이라면, 나는 이것도 그 감격을 상징하는 또 하나의 사진

수집을 통해 배우는 삶의 지혜

2015년 한 경매에 나온 사진으로 십여 명의 사람이 술집에서 환호하고 있다. 그들 뒤로 두 장의 국기가 보인다. 얼핏 보면 태극기지만 자세히 보면 사진 위에 손으로 선 몇 개를 그어 그린 태극기다. 사진 바깥에서 누군가가 가필해서 일장기를 태극기로 바꾼 것이다. 이렇게 단 몇 개의 선으로 사진이 담고 있는 역사가 완전히 달라질 수 있다는 사실이 흥미롭다.

이 될 것만 같은 흥분에 휩싸였다. 분명 예사롭지 않았다.

이 사진을 경매에 올린 이의 설명도 흥미로웠다. 어쩌면 이 설명 때문에 '해방의 기쁨'이라고 생각했을 수 있다.

희귀 근대사, 역사적 가치가 있는 사진 한 장. 역사적 가치를 논할 수 있는 사진을 등록합니다. 아주 희귀한 사진으로 사려됩니다. 사진을 자세히 보아 주십시오. 기생집으로 판단되며 손으로 그린 태극기에 만세를 부르는 사람들…강점기에 태극기 역사적으로 꿈도 못 꾸는 일이죠. 거기에 만세…정확히 '이거다'라는 말씀은 못 드리나 근대 역사적 자료로 이야기가 될 수 있을 것 같습니다. 사이즈는 가로 14.8cm, 세로 10.7cm입니다. 사진을 잘 보시고 입찰하시기를 바랍니다. 관심 부탁드립니다.

판매자는 '해방의 기쁨'이라는 표현을 쓰지 않았지만, 상황 자체가 뭔가 비슷한 분위기인 것은 분명했다. 나는 확신을 가지고 경매에 참여해 5만 원에 낙찰받았다. 며칠 뒤 우편으로 도착한 사진을 확인했다. 일단 국민복을 입은 남성이 여럿인 걸로 보아 태평양전쟁 이후, 즉 1940년대에 촬영한 게 분명했다. 남성들 중간중간에 있는 여성들은 복장으로 보아 일본 여성 같은데, 이 술집에서 일하는 접대 여성일 것이다. 그런데 사람들 뒤에 걸려 있는 태극기가 뭔가 이상했다.

아뿔싸! 분명 컴퓨터 화면으로 보았을 때는 태극기였는데, 실물

수집을 통해 배우는 삶의 지혜

을 보니 사진 위에 손으로 선 몇 개를 그어 그린 태극기였다. 즉, 사진 속 태극기가 아니라 사진 바깥에서 누군가가 가필해서 일장기를 태극기로 바꾼 것이었다. 누가 어떤 의도로 저렇게 그려 넣었는지는 알 수 없다. 이로써 내가 했던 모든 추측은 다 뒤집혔다.

이게 원래 일장기라면, 1940년대 당시 전시 상황에서 이렇게 환하게 축하해야 할 일이 무엇이었을까? 누군가의 생일이나 승진을 축하하는 자리였을까? 그렇게 보기에는 표정이 너무 격하다. 일본군이 싱가포르나 필리핀을 함락했다는 뉴스를 듣고 환호하는 것은 아닐까? 단 몇 개의 선으로 사진이 담고 있는 역사가 완전히 달라질 수 있다는 사실이 흥미롭다. 일장기일 때는 일본군의 승리를 상징하는 사진이 될 수 있고, 몇 개의 선을 쓱쓱 그려 넣어 태극기를 만들면 일본의 패망과 해방의 기쁨을 상징하는 사진이 될 수 있다.

그러므로 정신을 바짝 차려야 한다. 매의 눈으로 날카롭고 정교하게 사실을 규명해야 한다. 우리가 사실이라고 믿는 것에 많은 거짓이 숨어 있다. 이건 비단 역사 자료뿐 아니다. 우리의 현실도 마찬가지다. 언론의 과대한 포장 속에 정치인은 사악하고 초라한 본질을 숨기고 있을지 모른다. 자료 속에서 오류를 찾아내는 예리한 눈길은 현실을 직시하는 데도 빛을 발해야 한다. 그러므로 훌륭한 컬렉터는 사치스러운 취미를 가진 사람이 아니라, 현실에서 거짓을 가려내고 진실을 탐색하는 사람이어야 한다.

이 일 뒤로 내 태극기 수집은 시들해져 버렸다. 그럼에도 이 사진은 자료를 검토할 때는 항상 꼼꼼히 세밀하게 하라는 교훈을 주었다. 그래서 이마저도 소중하다. 이런 시행착오를 겪어야 높고 깊은 안목이 생긴다.

참, 일장기를 가필해 태극기로 만든 사진은 그 뒤 어떻게 되었을까? 경매에서 구매한 물품도 일반 물품처럼 반품할 수 있다. 그러나 그렇게 하지 않았다. 왜냐하면 판매자의 말이 꼭 틀리지는 않았기 때문이다. "손으로 그린 태극기에 만세를 부르는 사람들…." 태극기는 정말 손으로 그려져 있었다. 내가 그 말을 정교하게 이해하지 못했다. 게다가 판매자는 소개 글 앞과 끝에서 사진을 자세히 보라고 당부 또 당부했다. "사진을 잘 보시고 입찰하시기를 바랍니다." 사진을 잘 보지 못한 사람 역시 나였다. 비싼 수업료를 치른 셈치고 소장하기로 했다. 사진은 지금 내 자료철 속에서 한 쪽을 차지하고 있다.

수집을 통해 배우는 삶의 지혜

어디서 무엇이 되어
다시
만나랴

'시절인연(時節因緣)'이라는 불교 용어가 있다. 모든 인연에는 오고 가는 시기가 있어서 굳이 애쓰지 않아도 만날 인연은 만나게 되어 있고, 아무리 애써도 지나가는 인연은 지나간다는 뜻이다. 오랫동안 수집하면서 가끔 시절인연을 생각한다. 내가 아무리 찾으려고 해도 찾을 수 없을 때가 있고, 중요한 물건이 우연히 눈앞에 나타날 때가 있다.

2017년 3월 흥미로운 관제엽서 하나가 온라인 경매에 나왔다. 판매자는 이 물품에 "60년대 고등학생 연합 써클 시국 관련 집회 안내 엽서"라고 제목을 붙였다. 엽서의 발신인은 서울 성동구 신당동의 로미오, 수신인은 역시 성동구 신당동의 김숙자다. 로미오를 굳이 「로미오」로 홑낫표를 한 것으로 보아 사람 이름이 아니라 단체명 같기도 하고, 별명 같기도 하고, 자기들만의 암호 같기도 했다. 이 엽서가 단연 눈길을 끈 것은 내용 때문이었다.

그동안 별고 없으셨는지요. 요 다음 집회를 신우관에서 17일(水)에 갖게 되었으니 잊지 마시고 참석해 주시기를 바랍니다. 그날 논제는 "사형당한 채 일병에 대한 우리의 각오"입니다. 사회는 제가 보게 될 것입니다. 안녕.

사형당한 채 일병이라, 중요한 시국 사건 같은데…. 사회는 "제"가 보겠다고 했으니 이 엽서를 보낸 사람은 단체가 아니라 개인이라는 건데, 그렇다면 발신인 로미오는 뭐지? 그리고 무엇보다 엽서에 소인이 없다. 보내려다가 만 것일까, 아니면 같은 동네라 직접 우편함에 넣은 것일까?

나는 호기심이 생겨 이 엽서를 5,000원에 낙찰받았다. 그런데 아무리 옛 신문을 검색해도 "사형당한 채 일병"이 누군지 찾을 수 없었다. 집회가 열릴 장소인 신우관은 서울시 서대문구 충정로2가 쪽에 있던 건물로, 일제강점기에 캐나다 선교사들이 만든 선교교육원의 부속 건물이었다. 그러나 집회 장소가 이 엽서를 해독하는 데 결정적인 열쇠는 되지 못했다. 군인이 사형당할 정도면 꽤 큰 사건이었을 텐데, 결국 사건에 닿지 못한 채 탐구를 중도 포기하고 말았다. 수집했다는 사실조차 점차 잊었다.

내가 이 엽서를 다시 떠올린 것은 2023년 7월의 채수근 상병* 순직 때문이었다. 7월 19일 해병대원 채수근 일병이 경북 예천군 보문교 일대 내성천에서 폭우와 산사태로 실종된 주민들을 찾던 중 급류에 휩쓸려 실종된 후 숨진 채 발견되었다. 그런데 채 해병의 순직 사건은 장례식으로 마무리되지 못했다. 사건은 일파만파 확대되었다.

사건 후 박정훈 대령이 이끄는 해병대 수사단은 채 상병의 사망에 대해 임성근 해병대 제1사단장 등 관계자 8명에게 업무상 과실

---

* 사고 당시 일병이었던 채수근 해병은 순직 이후 상병으로 추서되었다.

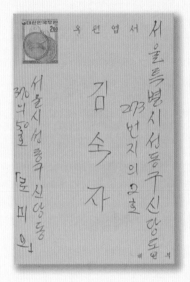

2017년 수집품으로 미스터리한 내용 때문에 오랫동안 그 의미를 알 수 없었던 엽서. 소인이 찍혀 있지 않아서 실제 발송된 것인지, "채 일병"이라고 쓴 뒤 왜 '채' 밑에 밑줄을 그었는지 많은 의문을 던져 주었다.

치사 혐의가 있다고 결론내렸다. 이종섭 당시 국방부 장관은 수사 보고를 받은 뒤 결재했다. 그러나 얼마 뒤 이를 번복하고, 1사단장의 혐의를 제외하라며 수사 결과의 경북경찰청으로의 이첩 보류를 명령했다. 박정훈 대령은 이를 부당한 수사 외압으로 간주하고 수사 자료를 경북경찰청으로 이첩했다. 그러자 국방부는 즉시 수사 자료를 회수한 뒤 박정훈 대령을 보직 해임하고 항명죄 등의 혐의로 고발했다. 박정훈 대령은 군사재판에 넘겨졌다.

이 사건은 해병대 수사단의 수사에 대한 대통령실과 국방부의 외압 의혹에서 다시 1사단장에 대한 구명 로비 의혹으로 확대되었다. 야당은 이 사건에 대한 특검법을 통과시켰고, 대통령은 거부권으로 맞섰다. 이 대치 형국은 지금까지 이어지고 있다. 박정훈 대령의 외로운 싸움은 계속되고 있다.

이 일련의 사건 진행을 지켜보면서 까맣게 잊고 있던 엽서 한 장이 떠올랐다. 가만, 나에게도 채 일병이 있었지. 자료 파일 속에서 7년 전에 수집한 엽서를 끄집어냈다.

다시 호기심이 동한 나는 먼저 이 엽서가 언제 사용된 것인지부터 따졌다. 관제엽서에 인쇄된 마패 도안과 2원이라는 액수 표기를 검색했더니 엽서 제작 시기는 1962년 6월부터 1965년 12월 말까지였다. 1960년대 전반기로 범위가 좁혀졌다. 그런데도 "사형당한 채 일병"은 검색되지 않았다.

조바심이 나서 페이스북에 글을 올려 친구들에게 도움을 요청했다. 역시 세상에는 고수가 많다. 얼마 뒤 한상언 노마만리 대표가

수집을 통해 배우는 삶의 지혜

댓글을 달았다. 컬렉터이기도 한 그는 엽서를 보고 "최영오 일병 사건인 듯합니다. 영화로도 만들어졌습니다"라는 의견을 남겼다. 2024년 4월 27일이다.

최영오 일병? 아, '채'가 아니라 '최'였구나! 그래서 채 일병의 "채" 밑에 밑줄을 친 거였어. 나의 관심은 이렇게 한 번도 들어본 적 없는 최영오 일병 사건에 가닿게 되었다. 알고 보니 이 사건은 당시 큰 사회적 반향을 불러일으켰다. "사형당한 채 일병"으로는 전혀 검색되지 않던 기사들이 '사형당한 최 일병'으로는 쏟아졌다. 대체로 내용은 이렇다.

1962년 7월 8일 육군 제15보병사단 사령부에서 최영오(당시 25세) 일병이 선임병 2명을 M1 소총으로 살해하는 사건이 발생했다. 정 모 병장과 고 모 상병 등 두 선임병이 최 일병의 연애편지를 상습적으로 뜯어보며 희롱한 게 발단이었다. 항의하는 최 일병에게 돌아온 것은 구타와 폭력이었다. 계속 항의해도 소용없자 최 일병은 "사신 검열을 막아 달라"라고 중대장에게 호소했고, 그 일로 최 일병은 중졸이던 정 병장과 고 상병의 눈 밖에 났다. 서울대 천문학과 4학년 재학 중 18개월 단기 학보병˚으로 입대해, 3년 의무 복무를 해야 하는 일반 병사들의 부러움과 미움을 받아 오던 터였다.

˚ 학보병은 학적보유병의 준말로 당시 대학생을 나라의 인재로 간주해 18개월만 복무하면 제대시켜 주었다. 이는 보통 병사의 3년 복무 기간에 비하면 절반에 해당하는 특혜였다. 최영오 일병이 입학할 즈음인 1958년 통계를 보면 전국적으로 대학교는 56개, 학생 수는 7만 6,000명 정도였다(이임하, 《10대와 통하는 문화로 읽는 한국현대사》, 철수와영희, 160쪽). 이는 해당 연령의 1%도 안 되는 비율이었다.

범행 직후 스스로 목숨을 끊으려다 제지당한 최 일병은 '상관 살해죄'로 군법회의에 회부되었다. 최영오는 명문대생이라는 점 때문에 사회적으로 상당한 관심을 불러일으켰다. 그 뒤 군사법원은 최영오에게 사형을 판결했다. 그의 모교인 서울대학교 학생들과 문화계를 중심으로 구명운동이 벌어졌지만, 1963년 3월 18일 오후 2시 40분에 서울 근교 수색의 형장에서 총살형이 집행되었다.

"가슴에 붙은 죄수 번호를 떼어 달라."

처형 직전 그가 남긴 말이다. 이어서 "제가 죽음으로써 우리나라 군대가 관료주의적인 것으로부터 개인의 권리를 보장해 주는 민주적인 군대가 되기를 바랄 뿐"이라는 말을 덧붙였다.

사형 직후 최 일병의 시신은 화장되었다. 안타까운 것은 당일 유골을 인수하라는 전보를 받은 그의 홀어머니가 그날 밤 11시 50분쯤 서울 마포 근처 한강에서 투신자살했다는 사실이다. 어머니가 뛰어내린 곳에는 최 일병이 선물한 지팡이가 신발과 함께 가지런히 놓여 있었다. 이 사건을 계기로 말 많던 학보병 제도는 폐지되었다.

이렇게 2017년 채 일병은 55년 전의 최 일병을 불러냈다. "사형당한 채 일병" 엽서가 2017년 우연히 나를 찾아왔고, 순직한 채수근 일병은 잠자고 있던 그 엽서를 불러냈으며, 그 엽서는 나를 최영오 일병으로 안내했다. 이것은 우연일까, 인연일까?

나는 최영오 일병에 관한 자료를 좀 더 수집하기로 했다. 먼저 최 일병의 옥중 수기가 《동아춘추》 1962년 12월 창간호에 실렸다는 사실을 발견했다. 그리고 이듬해인 1963년 3월에는 옥중 수기를

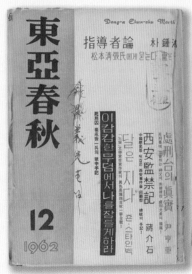

최영오 일병의 수기가 처음 실린 《동아춘추》 1962년 12월 창간호(왼쪽). 최영오 일병의
사형 뒤 나온 단행본 《이 캄캄한 무덤에서 나를 잠들게 하라》(오른쪽).

포함해 사고 전 일기, 애인과 주고받은 편지, 애인의 수기 등을 묶어 《이 캄캄한 무덤에서 나를 잠들게 하라》라는 단행본이 출판되었다는 사실도 확인했다.

그런데 잡지와 책을 구하기가 생각보다 쉽지 않았다. 나는 윤성근 이상한나라헌책방 대표에게 도움을 청했다. 수기류는 찾기가 쉽지 않다고 했다. 그렇다고 무작정 기다릴 수는 없어서 부지런히 발품을 팔기로 했다. 인터넷 검색을 해서 잡지와 책에 대한 설명을 몇 건 찾았으나, 경매에 나오거나 헌책방에서 판매하는 것은 없었다. 시간이 날 때마다 검색했다. 그러자 노래 가사처럼 "그리워하면 언젠간 만나게 되는 어느 영화와 같은 일들이" 실제로 일어났다. 《동아춘추》1962년 12월 창간호가 고서향 경매에 나온 것이다. 기쁜 마음에 바로 응찰해 낙찰받았다. 2024년 5월 23일이다.

잡지를 받아 최 일병의 옥중 수기를 읽었다. "나는 이미 죽은 지 오래다"로 시작하는 수기는 "무서운 죄를 짊어진 채 나는 가야 한다. 제발 이 캄캄한 무덤에서 나를 잠들게 하소서"로 끝맺고 있었다. 수기를 읽으니 좀 더 많은 내용이 담긴 단행본을 읽고 싶어졌다. 역시 구하기가 쉽지 않았다. 그러다 국립중앙도서관에 책이 있다는 사실을 발견하고 우편복사 서비스를 신청했다. 2024년 6월 20일이다.

2024년 4월 27일 최 일병을 알게 되었고, 5월 23일 《동아춘추》를 구했고, 6월 20일 《이 캄캄한 무덤에서 나를 잠들게 하라》의 복사본을 구했으니 대략 한 달 간격이다. 이렇게 일정한 시간을 두고

수집을 통해 배우는 삶의 지혜

하나씩 새로운 사실과 자료가 나타나는 것이 고맙고 신기했다.

나는 마지막 남은 자료에 도전하기로 했다.《이 캄캄한 무덤에서 나를 잠들게 하라》를 복사본이 아니라 단행본 원본으로 수집하는 것이었다. 단순한 우연이 아니라 인연이라면 곧 나타나리라 생각하면서 수시로 검색했다. 코베이옥션은 검색어를 두 단어 이내로 제한한다. 그래서 '이 캄캄한'이라는 단어로 수시로 검색했다. 역시 인연이 맞았다. 검색을 시작한 지 한 달 만에 코베이옥션에 책이 올라왔다. 2만 원 시작가에 낙찰받았다. 2024년 7월 26일이다. 이렇게 해서 최영오 일병에 관한 컬렉션이 완성되었다.

내가 엽서 한 장을 수집한 것은 우연이지만, 그것을 통해 최영오 일병을 만난 것은 인연이다. 이 세상을 떠돌던 엽서 한 장이 결국 돌고 돌아 나에게로 왔고, 최영오 일병과 나와 채수근 상병을 연결해 주었다. 수집은 이렇게 우연히 만난 물건이 우연으로 끝나지 않고 보이지 않는 인연을 통해 다른 사건과 다른 사람, 다른 시대를 연결한다. 정말로 오묘한 세계다.

어렵게 얻은 아이라 더없이 행복했고 모든 게 새롭고 세상이 달라 보였습니다. 그런 우리 아들이 하늘의 별이 되어 저희는 모든 것이 무너졌고 멈춤이 되어 버렸습니다. 저희는 군대를 보냈는데 휴가 한 번 나오지 못하고 5월 11일 수료식 때 부대 근처 펜션에서 점심 식사했던 것이 마지막 날이 되어 버렸네요. 누가 이 쓰라린 마음을 알까요?

2024년 6월, 아들 죽은 지 1년을 앞두고 언론에 공개한 채수근 상병 어머니의 편지 중 한 대목이다. 아들을 먼저 보낸 최 일병의 어머니나 채 상병의 어머니나 55년의 시차에도 불구하고 쓰라린 마음만은 다르지 않을 것이다. 이렇게 엽서 한 장으로 최 일병과 채 상병이, 그들의 어머니들이, 과거와 현재가, 시공간을 뛰어넘어 나와 그들이 만난다. 온 우주가 만나고 있다. 인연이란 것이 존재한다면 별이 된 최영오 일병과 채수근 상병은 하늘에서 벌써 만났을 것이다. "아들 대신 나를 죽여 달라"라고 외쳤던 최영오 일병 어머니도 새로 별이 된 채수근 상병을 따뜻하게 안았을 것이다.

　어떤 물건이 남겨졌을 때는 다 사연이 있고 이유가 있다. 인연으로 나에게 온 것이라면 그것을 온전히 제대로 드러내 세상에 발언하게 하는 것, 그것이 인연에 답하는 내 의무이며 그것을 제대로 떠나보낼 수 있는 최소한의 예의일 것이다. 인생은 이렇게 만나고 헤어지고, 또 새롭게 만나고 헤어지는 것.

　우리는 또 어디서 무엇이 되어 다시 만나랴.

　　　　　　　　　수집을 통해 배우는 삶의 지혜

너 와 내 가 함 께 했 을 때
인 생 은
온 전 해 진 다

혼자 살 수 없어 둘이 의지하며 살아야 하는 게 인간의 숙명일지 모른다. 수집하다 보면 이것을 절감한다. 한 자료에서는 도저히 드러나지 않던 사실이 다른 자료를 통해서 비로소 온전해지는 경험을 한두 번 한 게 아니다. 두 가지 경험을 이야기하고자 한다.

2019년 10월 "白衣謝絶(백의사절)"이라는 구호가 담긴 사진을 수집했다. 1930년대 후반 부여군 규암면 면사무소를 배경으로 찍은 이 사진을 가지고《역사 컬렉터, 탐정이 되다》의 한 꼭지를 쓰기도 했다. 이 사진에는 백의사절 말고도 양옆에 세로로 쓴 구호들이 붙어 있는데, 글씨 윗부분이 잘려 나가 원래 구호가 무엇인지는 추측할 수밖에 없다. 먼저, 왼쪽에는 네 자의 구호 중 첫 번째 글자가 잘리고 뒤에 "稅報國(세보국)"만 보인다. 이건 분명 '납세보국(納稅報國)'이었을 것이다. 세금을 잘 납부해서 나라에 보답하자는 뜻으로 당시 흔하게 사용되었다. 문제는 오른쪽이다. 네 글자 중 명성이나 권위를 널리 떨친다는 뜻의 "宣揚(선양)" 두 글자만 남아 있다.《역사 컬렉터, 탐정이 되다》에서 나는 나머지 두 글자를 황도(皇道)로 추측했다. '황도선양'은 1937년 중일전쟁 이후 내선일체(內鮮一體)와 함께 많이 사용된 구호였기 때문이다.

책을 내고 몇 개월 후 이 사진과 비슷한 시기에 찍은 사진을 하나 수집했다. 사진은 1939년 경기도 포천군 신북면 면사무소 직원들이 근무 기념으로 만든 사진첩에 실려 있었다. 사진첩 속에는 당시 신북면 면사무소 전경이 담겨 있는데, 부여군 규암면 면사무소 모습과 비슷한 구도로 구호들이 걸려 있다. 당시 면사무소의 구호 내용이나 위치 등에 대한 총독부의 지침이 있었던 것으로 보인다.

신북면 면사무소 사진에는 규암면 면사무소 사진에서 잘려 나간 구호들이 온전한 모습으로 나와 있다. 왼쪽에 "納稅報國(납세보국)", 오른쪽에 "國威宣揚(국위선양)"이다. 황도선양이라는 내 추측은 의미는 비슷하지만 불완전했다. 그 불완전한 부분을 채워 준 것은 저 먼 곳에 있던 포천군 신북면 면사무소 사진이었다. 그 사진으로 규암면 면사무소 사진에 가려져 있던 내용이 온전하게 드러났다.

두 번째 경험은 '갈파회'라는 노비와 관련한 것이다. 2023년 7월 전남 영암 황씨 집안의 몇 대에 걸친 호구단자 10여 점을 수집했다. 수집한 이유는 거기에 등장하는 "㗇破回(갈파회)"라는 노비의 이름이 시기에 따라 "㗇所回(갈소회)", "加所回(가소회)", "加巖回(가암회)", "㗇巖回(갈암회)" 등으로 기록되었기 때문이다. 분명 우리말 이름을 가진 한 명의 노비인데 주인이 바뀔 때마다, 심지어 같은 주인일 때도 이름을 한자로 쓰는 과정에서 다양하게 표기한 것으로 보였다. 나는 갈파회의 우리말 이름이 실제 무엇이었는지를 탐구하기로 했다.

세 자리 이름 중 뒤의 두 글자부터 살펴보자. 일단 암회(巖回)라는 이름이 심상찮다. 암회는 조선시대 비교적 많이 쓰인 이름이다.

수집을 통해 배우는 삶의 지혜

1939년 부여군 규암면 면사무소 앞에서 찍은 기념사진으로 "白衣謝絶(백의사절)"의 좌우
에 걸린 구호들이 잘려 있다(위). 같은 시기 포천군 신북면 면사무소 전경을 찍은 사진으
로 면사무소 양옆에 "納稅報國(납세보국)", "國威宣揚(국위선양)"이라는 구호가 보인다(아래).

'암'은 바위를 뜻하므로 바위, 또는 바우라는 이름으로 번역하면 될 것 같다. 그러면 암회의 뒷글자 '회'는 뭘까? 회는 돈다는 뜻이므로 음이 아니라 뜻으로 읽으면 돌이 된다. 암회는 바윗돌 혹은 바웃돌이 된다. 물론 돌을 표현할 때 '돌(乭)'을 더 많이 썼지만, 회를 썼다고 해서 틀렸다고 말할 수는 없다. 그건 노비를 거느린 황씨 양반들 마음이다.

암회를 바윗돌 혹은 바웃돌로 해석하면 다른 이름도 여기서 크게 벗어나지 않는다. 갈파회 속 파회(破回)에서 '파'는 바위와 발음이 비슷하므로 파회도 바윗돌 혹은 바웃돌을 표기한 것으로 볼 수 있다. 갈소회(乫所回) 속의 소회도 그렇다. '소'는 '바'를 뜻하므로 소회 역시 바돌 혹은 밧돌로 읽힌다. 이것도 바윗돌 혹은 바웃돌과 비슷하다. 종합하면 이 문서 속 노비 갈파회는 우리말 이름인 바윗돌 혹은 바웃돌로 불린 것으로 보인다. 실생활에서는 아마 줄여서 "바우야!"라고 불렀을 것이다.

그러면 바웃돌 앞에 붙은 '가'나 '갈'은 무엇일까? 소리 나는 대로 붙여 읽으면 가바웃돌, 갈바웃돌 정도가 되는데 정확히 무슨 뜻인지 알기 어렵다. '가'를 소리가 아니라 뜻으로 읽으면 '더할 가'이므로 '더(도)'나 '덜(돌)' 정도로 생각할 수 있다. 그러면 이름이 덜바웃돌 혹은 들바웃돌이다. '들판에 있는 바윗돌'이라는 뜻이 아니었나 싶은데 정확히 알 수는 없다.

요약하자면 나는 갈파회라는 이름의 끝에 나오는 '회'를 '돌다'에서 따온 '돌'로 해석했다. 그러면 파회는 바윗돌이 된다. 그리고 이

수집을 통해 배우는 삶의 지혜

름 앞에 붙은 '갈'을 들판을 뜻하는 '들'로 해석함으로써 갈파회를 들바윗돌로 추론했다.

그런데 황씨 집안의 문서를 수집한 지 보름이 지나지 않아 내 추론이 반은 맞고 반은 틀렸음이 드러났다. 황씨 집안 노비 갈파회의 원래 이름에 대한 실마리가 이 집안과 전혀 관계없는 집안의 문서에서 나왔기 때문이다. 그즈음 전라도 보성의 양반 이재두의 호구단자를 수집했는데, 바로 거기에 갈파회 이름의 비밀을 밝혀 줄 실마리가 있었다. 이 호구단자에 따르면 이 집에 여자 노비 '선례'가 있었다. 이 노비의 어미 이름이 가단이, 아비 이름이 사노 돌파회(乭破回)였다. 돌파회는 우리말 돌바위(돌바우)를 한자로 표기한 것이 분명해 보였다. 돌파회는 뜻이 아니라 음차한 이름이다.

그렇다면 왜 바위를 파회(破回)로 표기했을까? 내가 이전에 놓친 사실이 있었다. 조선시대 초부터, 아니 어쩌면 그 이전부터 바위를 바회로 불렀다는 사실이다. 바회가 바위로 바뀐 것은 19세에 들어와서였다. 그러므로 바위(바회)라는 우리말 이름을 한자로 쓸 때는 끝에 자연스럽게 회(回)를 붙여 관용적으로 암회(巖回) 또는 파회(破回)로 표기했다.

갈파회의 앞에 붙은 '갈(乫)'은 무슨 의미였을까? 갈을 음으로 읽으면 갈바위가 되므로 이상하다. 그래서 '더하다'라는 뜻의 가(加)에 을(乙)을 붙였으므로 '덜'이나 '돌'로 볼 수 있다. 따라서 갈에 파회를 붙이면 갈파회는 덜바위, 곧 돌바위가 된다. 보성 자료가 발견되기 전에 내가 했던 여러 추론 중 갈에 대한 것은 적중한 셈이다.

간단하게 정리해 보자. 조선시대 노비 가운데 돌바위(돌바회, 돌바우)라는 이름이 많았다. 다만 호구단자를 작성하면서 이 우리말 이름을 한자로 표기해야 했는데, 이때 음이나 뜻을 빌어 다양하게 표기했다. 즉 영암의 황씨 집안 호구단자에서는 돌바위를 갈파회, 갈소회, 가소회, 가암회, 갈암회 등으로, 보성 이씨 집안 호구단자에서는 돌파회로 표기했다. 만약 내가 보성 이재두 집안의 호구단자 속에서 노비 돌파회를 찾지 못했다면, 영암 황씨 집안에서 다양한 이름으로 표기된 노비 갈파회의 원래 이름을 정확히 알 수 없었을 것이다. 보성 자료로 영암 자료는 더욱 온전해지고 빛날 수 있었다.

이로써 나는 알게 되었다. 한 자료가 보여 주는 불완전함을 다른 자료가 보완함으로써 비로소 둘은 온전해질 수 있다는 사실을. 우리 인생도 그러하다. 사람은 홀로 있으면 넘어지기에 누군가 곁에 있어야 한다. 곁에 있는 사람들로 각자의 삶은 완전해지고 사람다움이 빛을 발한다. 그들이 있어서 내가 존재할 수 있고, 삶을 온전하게 영위할 수 있다. 그들 없이는 나도 없다. 누구든 홀로 모든 일을 감당하면서 살 수는 없다. 내가 못 하는 걸 누군가 해 주니까 살아갈 수 있다.

수집을 통해 배우는 삶의 지혜

경 계 를   벗 어 나 야
그   너 머 가
보 인 다

여기 한 장의 사진이 있다. 교복을 입은 2명의 고등학생이 왕릉
으로 보이는 무덤 앞에 서 있다. 뒷면에는 사진 설명이 적혀 있다.
기록학에서는 이런 것을 메타데이터(metadata)라고 한다.[*] 사진 설
명문은 "1965년 10월 10일, 경주 을지문덕능에서, 고2"다. 그런데
경주에 고구려 장군 을지문덕의 무덤이라니? 이건 불가능하다. 잘
못 적은 것이 분명하다.

이런 수집품도 있다. 일제강점기 졸업사진으로 교사들이 제복에
칼을 차고 있다. 소유자가 사진 뒷면에 '평양사범학교 재학 시'라고
써 놓았다. 그런데 이게 앞뒤가 맞지 않는다. 일제강점기에 교사가
제복을 입고 칼을 찬 때는 1910년대인데, 사범학교는 1922년 반포
된 2차 조선교육령에 따라 처음 설립되기 때문이다. 초등교원 양성
학교인 평양사범학교는 1923년에 설립되었다. 소유자가 훗날 사
진을 정리하면서 잘못 쓴 것이 분명하다. 만약 사진의 기록을 그대
로 믿어 버리면 식민지 조선에 사범학교가 1910년대부터 존재했
거나, 아니면 1920년대에도 교사가 계속 제복을 입고 칼을 찬 것으
로 오해할 수밖에 없다.

● 다른 데이터를 정의하고 기술하는 데이터, 일종의 '데이터에 관한 데이터(data about data)'를
말한다. 쉽게 비유하면 물건에 붙어 있는 상품 설명서 같은 것이다.

수집하다 보면 수집품에 대한 메타데이터를 꼭 확인하게 된다. 생산한 사람이 밝히는 정보가 수집품을 이해하는 데 매우 중요하기 때문이다. 그러나 위 경우들처럼 메타데이터가 정확하지 않을 때가 있으므로 항상 주의해야 한다.

다음은 메타데이터 때문은 아니고, 사진 판매자가 준 잘못된 정보 때문에 제대로 사실에 접근할 수 없었던 사례다. 2024년 6월 13일 평소 알고 지내는 공주대 역사과 윤세병 교수가 대전 유성초등학교(1927년 설립)의 1941년 기념사진과 함께 문자를 보냈다. 사진 속에는 학생들의 오른쪽에 황국신민서사*를 새긴 비석이 또렷하게 보였다. 윤세병 교수는 이렇게 황국신민서사비를 배경으로 찍은 학생 기념사진이 다른 곳에서도 확인되는지를 물었다. 그는 최근에 발견한 이 사진과 관련해 〈오마이뉴스〉와 인터뷰를 앞두고 있었는데, 그전에 확인차 나에게 현황을 물은 것이다. 나는 굉장히 귀한 사진이라고 답했다. 왜냐하면 황국신민서사를 새긴 비석**이 전국 각지에 세워졌다는 이야기를 많이 들었지만, 졸업사진이나 기념사진에 학생들과 함께 찍힌 것은 처음 보았기 때문이다.

얼마 뒤인 2024년 6월 24일 〈오마이뉴스〉에 이 사진과 관련한

• 황국신민서사는 1937년 10월에 제정된 일종의 충성맹세문이다. 일제는 모든 조선인에게 이것을 외우라고 강요했으며, 각급 학교의 조례와 모든 집회에서 제창할 것을 강요했다. 그리고 모든 출판물의 앞머리에 황국신민서사를 싣도록 했다. 흥미로운 사실은 황국신민서사 원안을 만든 사람이 일본인이 아닌 조선인이었다는 것이다. 총독부 학무국 촉탁이던 이각종이 원안을 만들고, 총독부 학무국 사회교육과장이던 김대우가 관련 업무를 집행했다.

•• 황국신민서사비를 당시에는 황국신민서사지주(皇國臣民誓詞之柱)라고 했는데, '주(柱)'는 기둥이란 뜻이다.

흥미로운 기사가 올라왔다. 대전 유성초등학교에 있는 해방기념비가 사실은 일제강점기 그곳에 있던 황국신민서사비를 재활용한 것이라는 탐사보도였다. 제목은 "대전 유성초 해방기념비 반전 출처···역사적 사진 발견"이었다. 이 해방기념비는 그동안 해방 직후 자연석을 가공해 세운 것으로 알려졌다. 그런데 1941년 기념사진 속의 황국신민서사비와 모양이 같다는 사실이 확인됨으로써 자연석을 가공해 만들었다는 사실이 뒤집힌 것이다.

이 기사를 보고 나는 문득 깨달았다. 그렇지! 일제강점기에 대부분의 학교에서 저런 비를 세웠을 텐데 그 많은 황국신민서사비는 다 어디로 갔을까? 미처 생각하지 못했던 일이라 흥미가 생겨 일제강점기에 세워진 황국신민서사비가 해방 후 어떻게 되었는지를 꼼꼼히 조사하기로 했다. 그 결과 다음의 세 가지 운명을 맞았다는 사실을 알게 되었다.

첫째는 파괴다. 해방 직후 황국신민서사비 대다수는 파괴되었다. 이 경우 비석 흔적을 찾기 어렵다. 둘째는 그대로 땅에 묻어 버리기다. 이 경우 수십 년 동안 묻혀 있던 비가 종종 홍수나 공사 등으로 우연히 발견되기도 한다. 셋째는 재활용이다. 비문 내용만 깎아 내고 다른 글을 새겨 넣었다. 굳이 없앨 필요까지는 없었다.

그럼 어떤 방식으로 재활용했을까? 하나는 위에서 언급한 대전 유성초등학교, 그리고 세종 금남초등학교의 사례처럼 해방기념비로 활용하는 것이다. 해방기념비는 1945년과 1946년에 주로 만들어졌다. 또한 1948년 대한민국 정부 수립 직후에 대한민국독립기

넘비로 재활용한 사례가 있다.* 학교 교훈비로 쓰인 사례도 있다. 전남 순천고등학교의 '참되고 의로워라' 교훈비가 대표적이다. 가장 특이한 재활용 사례는 광주 송정신사 앞에 있던 황국신민서사탑으로, 해방 후 황국신민서사를 지우고 그 위에 '나무아미타불(南無阿彌陀佛)'을 새겼다.

이렇게 황국신민서사비의 행방을 추적하던 중 2024년 6월 말 우연히 코베이옥션에 올라온 사진 한 장을 발견했다. 50여 명의 학생들이 학교 건물을 배경으로 찍은 기념사진으로, 사진 오른쪽 위에 '추억의 4학년 1948.7.21.'이라고 써 놓았다. 내가 주목한 부분은 학생들 뒤에 서 있는 거대한 비석이었다. 비석의 앞부분이 사각형 모양으로 매끄럽게 지워져 있는 점이 특이했다. 나는 이 비석이 황국신민서사비였음을 직감했다. 왜냐하면 다수의 황국신민서사비가 이런 모습이었기 때문이다. 자연석 가운데를 깎아 글자를 새기는 것이 보통의 방식이었다. 게다가 해방 직후 사진에서 이렇게 비문이 깨끗이 지워져 있다면 그 가능성은 더욱 높아진다.

나는 사진을 낙찰받은 후 이 학교가 어딘지 찾아보기로 했다. 이 비석이 해방 직후 파괴되거나 땅에 묻히지 않고 1948년까지 3년 동안 살아남았다면 뒤늦게 없앨 이유가 없었을 것이다. 이 비는 분명히 살아남았을 것이다. 그렇다고 해방기념비로 재활용되지는 않

---

* 대한민국 정부 수립에 대해 당시 사람들은 '대한민국 독립'이라고 표현했다. 3년간의 미군정 통치를 벗어나 1948년 주권을 가진 우리 정부가 세워졌기 때문에 진정한 의미의 '독립'이라고 본 것이다.

학교 건물을 배경으로 학생들이 1948년 7월 말 4학년을 마치며 찍은 기념사진이다. 학생들 뒤로 비문이 매끄럽게 지워진 거대한 비석이 서 있다. 사진 속의 학교가 어딘지, 비석은 그 뒤 어떻게 재활용되었는지 알아내느라 몇 날 며칠 머리를 싸매야만 했다.

았을 것 같았다. 왜냐하면 해방기념비는 보통 1945년, 1946년에 집중적으로 세워졌기 때문이다. 대한민국독립기념비는 대개 1948년 8월 15일 직후나 1949년 대한민국 독립 1주년 기념으로 세워지는 경우가 많았으므로 이 가능성은 남아 있었다. 동시에 그 뒤 교훈비로 재활용되었을 가능성도 있다.

먼저 사진 판매자에게 연락했다. 7월 2일이다. 이 사진을 어디서 수집했는지부터 확인해야 했다. 판매자는 이 사진만 올린 게 아니라 10여 장의 기념사진을 함께 올렸는데 대부분 공주나 부여 쪽 학교들이었다. 그래서 연락하기 전에 대략 충청권 학교라고 추측하고 있었다. 아니나 다를까, 판매자는 이렇게 답했다.

"이번에 등록한 사진들은 모두 부여에서 수집한 물품이고, 학교 이름이 나와 있는 것도 있고 없는 것도 있으나 모두 해방 전후 부여군 일원에 있던 학교로 보입니다."

나는 일단 부여 일대 학교를 찾기로 했다. 사진 속 학생들의 얼굴이나 체격, 그리고 복장 등으로 봐서 중학생들인데 일제강점기 부여에는 중학교가 없었다. 당시 인근에 공주중학교가 있었으므로 나는 사진 속 학교를 공주중학교로 간주하고 검색을 시작했다. 그런데 사진 속 학교와 공주중학교의 학교 전경이 달랐고, 공주중학교에는 저 거석이 보이지 않았다.

그즈음 대학 동기인 이화여대 사회과교육과 오영찬 교수와 제주도 여행을 갔다. 나는 수집한 사진을 보여 주며 비가 서 있는 이 학교를 찾는 이유를 설명했다. 오 교수는 관심을 보이더니 자기 일처

수집을 통해 배우는 삶의 지혜

럼 검색에 나섰다. 제주도 한라산 중턱의 숙소에서 둘은 의기투합해 충청권의 중학교를 중심으로 몇 시간을 헤맸다. 그러나 사진 속 학교는 쉽게 곁을 내주지 않았다. 깊은 밤, 나는 검색을 포기하고 먼저 잠자리에 들었다.

아침에 일어나니 오 교수의 문자가 와 있었다. 새벽에 보낸 것이었다.

"심봤다~!! 경북중학교!!!"

결국 친구가 찾아낸 것이다.

뜻밖에도 충청도가 아니라 경상도였다. 친구는 어느 온라인 고서점에 올라와 있는 사진 한 장을 스마트폰으로 보여 주며 이 학교 전경이 내가 보여 준 사진과 똑같다고 했다. 정말 그랬다. 경북중학교 제33회 졸업 기념사진으로 단기 4285년, 곧 서기 1952년에 찍은 것이었다. 학교 건물뿐 아니라 현관 앞의 거대한 비석도 똑같았다. 1952년까지 이 비석은 글자를 새긴 흔적 없이 깨끗했다. 1948~1949년 황국신민서사비가 대한민국독립기념비로 재활용되던 열풍을 간신히 비껴간 것이다. 그렇다면 그 뒤 이 비석은 교훈석으로 재활용되었을까? 나는 판매용으로 올라온 사진을 바로 구입했다. 구입가는 5만 원.

새로 수집한 경북중학교 33회 졸업사진을 들고 이제 새로운 관문을 거쳐야 했다. 저 돌의 현재 행방을 찾아야 했다. 처음 수집한 '1948년 추억의 4학년' 사진 속 학교는 경북중학교로, 미군정기 학제에 따르면 6년제 중학교였다.* 이 6년제 중학교는 대한민국 정부가 수립되고 3년 뒤인 1951년 9월, 현재와 같은 3년제 중학교와 3년제 고등학교로 분리되었다. 경북중학교도 이 학제 개편으로 중학교와 고등학교로 분리되었을 것이고, 그중 하나에 비석이 있을 것이었다.

나는 잦은 교명 변경과 폐교라는 복잡한 연혁을 따라가다가 경운중학교나 경북고등학교에 있을 가능성이 높다고 결론 내리고 이 학교들을 중심으로 사진을 꼼꼼히 검색했다. 그러다 경북고등학교에서 사진 속 비석과 비슷한 형태의 비석을 발견했다. 나는 속으로 친구처럼 똑같이 외쳤다.

'심봤다. 경북고등학교!'

그 비석은 대구 수성구에 있는 경북고등학교의 교훈탑으로 사용되고 있었다. 이 비석에는 "아는 사람 생각하는 사람 행하는 사람"이라는 교훈이 새겨져 있었다. 내 추측이 정확했다.

그렇다면 이제 마지막 관문만 남았다. 나는 저 교훈탑이 원래 황국신민서사비였을 것이라고 추론했다. 그러나 아직 확실하다고 단정할 순 없다. 나는 검색을 통해 이 학교 안에 역사관이 존재한다는 사실을 확인했다. 조만간 이 역사관을 방문해 1940년대 앨범 속에

---

* 미군정 시기에 중학교는 6년제였고, 1945~1949년에 미국식 9월 학기제였다. 그러니 '1948년 7월 21일 추억의 4학년'이라고 쓴 이 사진 속의 학생들은 중학교 4학년(지금 기준으로는 고등학교 1학년)을 마치고 1948년 9월에 5학년 진학을 하게 된다. 그들은 4학년을 마치고 방학에 들어가면서 기념으로 이 사진을 찍은 것이다.

수집을 통해 배우는 삶의 지혜

단기 4285년(서기 1952) 촬영한 경북고등학교 제33회 졸업사진이다. 당시는 아직 한국전
쟁 중이었다. 학생들 뒤로 이 책 246쪽의 '추억의 4학년' 사진(1948년 촬영)에 있는 비석과
동일한 비석을 확인할 수 있다. 비석은 여전히 비어 있다. 뒤로 보이는 건물 형태도 '추억
의 4학년' 사진과 동일하다(위). 아래는 현재 경북고등학교(대구 수성구 소재)에 서 있는 교
훈비다. 오영찬 교수가 대구를 지나다가 일부러 학교를 방문해 찍어 보냈다. 결국 황국신
민서사비는 이렇게 교훈비로 변신했다.

서 황국신민서사가 새겨진 비석의 원래 모습을 찾아보려 한다. 그 날 비로소 비석 추적기는 대단원의 막을 내릴 것이다.

황국신민서사비의 탐구 과정에서 깨달은 게 하나 있다. 경주의 무덤에 "을지문덕능"이라고 쓴 것을 그대로 믿으면 을지문덕이 신라 장군으로 둔갑하고, 1910년대 졸업사진에 '평양사범학교'라고 쓴 것을 그대로 믿으면 식민지 조선에 사범학교가 1910년대부터 존재하게 된다. 자료와 관련한 1차 정보를 무조건 믿어서는 안 되는 이유다. 항상 의문을 제기하고 모든 가능성을 열어 두어야 한다. 틀에 얽매이는 순간 생각은 경계 속에 갇힌다.

'추억의 4학년' 사진도 그렇다. 나는 사진 판매자가 부여에서 수집했다는 말을 철석같이 믿었다. 그래서 판매자가 설정한 부여 또는 충청권의 경계를 한 치도 벗어나지 못했다. 그 결과 경계 너머에 있는 학교들을 살펴볼 생각을 못 했고, 끝까지 답을 못 찾았다. 그러나 내 친구는 진작에 다른 가능성을 생각했다. 어차피 일제강점기 중학교가 그렇게 많지 않으니 하나하나 다 찾아보는 길을 택했고, 얼마 뒤 해답을 발견했다. 한정된 틀 속에서만 사유하면 결코 답을 찾을 수 없다. 해답을 찾으려면 때로는 수고로움을 감수하면서 틀을 넘어서야 한다. 그 경계를 과감히 벗어났을 때, 그때 비로소 '경북중학교'가 보인다.

수집을 통해 배우는 삶의 지혜

하루하루가
곧
소중한 역사다

　역사 자료를 수집하면서 느낀 흥미로운 점은 추상적 이념이 현실 세계에서 자신을 구현할 때 매우 구체적인 형태를 띤다는 것이다. 보통, 이념 혹은 이데올로기는 추상적인 세계에 속하며 나와 무관하다고 생각하기 쉽다. 그런데 수집품은 분명한 어투로 그렇지 않다고 일러 주었다.

　역사 자료 수집은 구체적 물성을 지닌 것을 대상으로 한다. 그래서 수집하는 자료를 통해서 만나는 이념은 구체적일 수밖에 없다. 자료가 구체적이므로 그 속에 담긴 이념도 구체적이다. 거대한 이념이 무엇인지 알고 거기에 도달하기 위해서는 구체적인 물성을 통해 거꾸로 올라가면 된다. 그러면 그 끝에서 구체적인 물성을 만든 태초의 이념을 만날 수 있다.

　내가 수집한 물건으로 예를 들면 이해가 쉬울 것이다. 옛 사진, 특히 남녀 학생들이 찍은 학교 기념사진을 보자. 당시 남녀 학생들은 절대 뒤섞여 사진을 찍지 않았다. 수평이든 수직이든 남녀 학생을 구분하는 선을 명확히 그을 수 있다. 이것이 남녀유별이라는 유교 이데올로기가 작동하는 방식이었다. 조선은 1910년에 망했지만, 그렇다고 그해에 조선의 이데올로기마저 갑자기 작동을 멈춘 것은 아니었다. 수백 년 동안 사회를 지배한 이데올로기는 습속으로 남아 상당 기간 그 힘을 유지한다. 내가 수집한 사진들로 볼 때 남녀 유별의 사진 찍기 습속은 1990년대 이후 점차 변화하기 시작한다.

반공 이데올로기의 힘은 더 세다. 반공(反共)이나 멸공(滅共)을 대한민국 정부가 조선민주주의인민공화국에 대해서 전개하는 이념 공세 정도로 생각하기 쉽다. 그러나 그 정도에 그치는 것이 아니라, 우리의 일상생활 전반에 깊숙이 스며들어 구체적으로 작동해 왔음을 놓치지 말아야 한다.

먼저 생활어 가운데 불온 딱지가 붙어 퇴출당하는 말이 속속 등장했다. 그중 '조선(朝鮮)'이 있다. 1948년 8월 남쪽에 대한민국(줄여서 '한국' 또는 '대한') 정부가 수립되고 한 달이 채 못 되어 북쪽에 조선민주주의인민공화국(줄여서 '조선') 정부가 수립되었다. 그러자 한국 정부는 자신에게 정통성이 있다는 전제 아래 조선을 '북한' 또는 '북한 괴뢰(북괴)'로 불렀다. 이와 함께 '조선'이라는 말을 '한국'이나 '대한'으로 바꾸었다. 조선 옷은 한복, 조선 음식은 한식, 조선해협은 대한해협, 조선반도는 한반도, 조선어는 한국어, 조선은행은 한국은행, 조선체육연합회는 대한체육연합회, 조선교육연합회는 대한교육연합회로 '창씨개명'되었다. 조선이 붙은 이름 가운데 조선일보, 조선호텔 등 고유명사를 빼고 보통 명사로 거의 유일하게 명맥을 유지한 것은 조선간장 정도다. '한식 간장'이라는 대체 용어가 있는데도 이름을 유지하는 것이 놀랍다.

이러한 '창씨개명'은 분단 이후에만 적용되지 않고 그 이전의 역사에 소급 적용되기도 했다. 3·1운동 당시 '대한 독립 만세'가 안 쓰인 것은 아니지만, 대부분은 '조선 독립 만세'를 외쳤다. 518년 조선 왕조의 역사에서 '대한제국'을 쓴 것은 고작 마지막 13년이었다. 그러니 1919년 3·1운동 당시 대중에게 대한보다 조선이 훨씬 익숙할 수밖에 없었다. 멀리 갈 것 없이 당시 발표된 〈독립선언서〉는 "오등(吾等)은 자(慈)에 아(我) 조선의 독립국임과 조선인의 자주민임을 선언하노라"로 시작하고 있다. 그런데 교과서나 공식 역사에서는 모두 '대한 독립 만세'로 기록하고 가르친다.

'인민(人民)'도 퇴출 대상이었다. 인민은 '국민'으로 바뀌었다. 미군정기 미국공보원이 1948년 5·10선거를 홍보하기 위해 최인규 감독을 통해 제작한 영화가 있다. 동시 녹음으로 찍은 최초의 영화라고 평가받는 〈인민투표〉다. 그런데 포털에서 '인민투표'로는 검색이 안 된다. 같은 영화인데 '국민투표'로 검색해야 한다. 한국 영화사에 〈국민투표〉만 있지 더 이상 〈인민투표〉는 없다.

반공 이데올로기가 몰아낸 말은 조선, 인민 외에 '동무'가 있다. 동무는 북한 정권이 들어서면서 동지를 뜻하는 'Comrade'를 동무로 번역 사용하면서 남쪽에서 금기어가 되었다. 동무가 들어간 단어는 대부분 한자어 '친구(親舊)'로 대체되었고, 어깨동무, 길동무 같은 합성어로만 남아 있다. 그러면서 "동무 따라 강남 간다"라는 속담은 "'친구 따라 강남 간다'로 바뀌었다. 1928년 윤석중이 작사·작곡한 〈달맞이〉는 원래 "동무야 나오너라 달맞이 가자"로 시작한다. 이 가사의 "동무"는 뒤에 "아가"로 바뀌었다.

예전에는 동년배의 친한 사이를 지칭할 때 동무와 친구를 구분해 사용했다. 어리거나 젊은 또래 사이에는 동무, 나이 많은 사람 사이에는 친구를 썼다. 친구에는 '오래되다'라는 뜻의 '구'가 들어 있어 사전적으로는 "오래도록 친하게 사귀어 온 사람"이다. 굳이 영어로 표현하자면, 친구는 그냥 'friend'가 아니라 'old friend'다. 그런데 이제 생활 속에서 그런 구분은 사라지고, 남녀노소를 불문하고 모두 친구만 사용한다.

박정희 정부 때 일어난 다음 사건은 사람 이름을 사용할 때도 이념이 어떤 식으로 작용했는지를 잘 보여 준다. 1969년 6월에 삼중화학 대표가 반공법 위반 혐의로 입건되었다. 회사가 만든 아동용 크레파스 이름이 하필 '피카소 크레파스'였기 때문이다. 피카소가 프랑스 사회주의자인데, 그 이름을 상표로 쓴 것은 공산주의에 대한 동조 및 찬양 고무의 목적이 있다는 것이었다. 사건은 거기서 끝나지 않고 코미디언 곽규석한테 불똥이 튀었다. 당시 검찰은 곽규석이 텔레비전 쇼 프로그램을 진행하면서 좋은 그림을 보고 피카소 그림같이 훌륭하다고 말한 사실에 주목해 곽규석과 제작자들을 불러 조사했다. 반공 이념은 무소불위의 권력이자 광기 그 자체였다.

이 반공 이념이 '색깔'을 비껴갔을 리 없다. 장년층 이상의 독자들은 예전 학교 운동회에서 청군과 백군으로 편을 나누어 경기했던 기억이 있을 것이다. 그것을 원래부터의 전통이라고 생각할 것이다. 그러나 운동회가 보편화된 일제강점기에 열린 운동회는 청백전이 아니라 홍백전이었다. 지금도 일본에서는 홍백전이다. 그런데 남북이 분단되면서 사회주의를 상징하는 붉은색이 불온시되

수집을 통해 배우는 삶의 지혜

해방 직후 대한민국 정부 수립을 전후한 시기 경북 의성의 신중기(申重基)가 사용한 방학 탐구 교재들이다. 첫 번째 책은 1948년 여름방학 교재로 조선교육연합회에서 펴냈다. 그런데 1948년 겨울에 펴낸 두 번째 책의 출판 주체는 대한교육연합회로 바뀌었다. 1948년 여름까지 사용되던 '○○동무'라는 책 제목은 맨 오른쪽 1949년 겨울방학 교재에서 보듯 '○○공부'로 바뀐다.

었다. 사회주의자를 속된 말로 "빨갱이"라고 부르는 것도 같은 맥락이다. 운동회에서 "홍군 이겨라"라는 응원은 자칫 북한을 편드는 의미로 받아들여질 수 있는 민감한 사안이었다. 이렇게 홍군은 청군으로 바뀌었다. 이제 대한민국에서 붉은색은 내내 불온한 색깔이 되고 말았다. 최소한 2002년 월드컵에 "Be the Reds"라고 쓴 붉은색 티셔츠를 입은 수많은 시민이 거리에 몰려나올 때까지는 그랬다. 아니면 한국의 보수를 대표하는 정당이 상징색으로 붉은색을 선택할 때까지였을 수도 있다.

최근에 자료를 정리하다가 내가 중학교 때 방학 숙제로 그린 세계 지도를 우연히 발견했다. 나라들마다 색깔을 다르게 칠했다. 우리나라 주변만 보면 한반도는 전체가 푸른색,* 중국은 황색, 일본은 분홍색, 소련은 보라색이었다. 처음에 나는 이 색깔들을 내가 임의로 선택한 줄 알았다. 알고 보니 그게 아니었다. 내가 그린 지도는 당시 판매되던 세계 지도를 베낀 것이었다. 사실 그 세계 지도 속에는 당시 통용되던 색깔에 대한 규범이 반영되어 있었다. 지도의 색깔에도 우리가 모르는 사이 반공 이데올로기가 작동하고 있었다. 일단 붉은색은 한반도 지도에 쓸 수 없었다.

당시 중학생이었던 내가 왜 저런 색으로 세계 지도를 그렸는지 궁금했다. 그래서 찾은 자료가 1950년 1월 16일 정부 〈관보〉다. 〈관보〉에는 이런 내용이 실려 있었다.

---

* 대한민국 헌법에 따르면 북한 지역도 대한민국 영토다.

수집을 통해 배우는 삶의 지혜

우리나라의 정식 국호는 '대한민국'이나 사용의 편의상 '대한' 또는 '한국'이란 약칭을 쓸 수 있으며, 북한괴뢰정권과의 확연한 구별을 짓기 위하여 '조선'은 사용하지 못한다. (중략) 정치구분지도에 있어서 우리나라의 색은 녹색으로 하고 붉은색은 사용하지 못하며, 우리나라의 색을 뚜렷이 나타내기 위하여 이웃의 중국은 황색, 일본은 분홍색, 소련은 보라색으로 한다.

이렇게 반공은 1950년대에서 1970년대, 1980년대까지 맹위를 떨치다 사라진 과거의 퇴물이 아니라, 지금도 우리가 의식하지 못한 형태로 생활 곳곳에 스며들어 있다. 반공 이데올로기는 사람들이 사용하는 언어와 색깔, 심지어 방향*과 인명 등 곳곳에 숨어서 영향력을 행사해 왔고, 이는 남북 분단이 계속되는 한 유지될 것이다. 유교의 남녀유별 이데올로기가 조선이 망하는 순간 사라진 것이 아니라, 그로부터 수십 년 혹은 100년이 지난 뒤 남녀 유별한 사진 찍기로 생명력을 유지한 것처럼 말이다.

결국 이념은 생활에 부속된 실체다. 생활 속에 이념이 있고, 이념은 생활을 통해 자신을 구현한다. 이런 사실을 확인하고 다시 곰곰이 생각하니 역사도 이와 다르지 않다. 역사는 나와 동떨어진 것이

* 반공 이데올로기가 방향에도 작동한다는 것은 놀라운 일이다. 스티븐 포스터의 곡에 윤석중이 가사를 붙여 만든 번안곡 〈기러기〉는 어린이들 사이에서 많이 불렸는데, 남북 분단과 한국전쟁을 거치면서 전체 삼 절 중 1절이 사라지고 2절과 3절만 남았다. 1절 가사가 왜 사라졌는지는 정확히 알 수 없지만, 세간에서는 노래 가사에 있는 "북쪽"과 "북한" 때문이라고 알려져 있다. 1절의 가사는 이랬다. "기러기떼 기럭기럭 어디서 왔나 / 북쪽에서 날아오다 북한산에 들렀네 / 북한산 단풍 한창이겠지 / 요담엘랑 단풍잎을 입에 물고 오너라"

아니다. 역사 속에 내가 있고 내 속에 역사가 있다. 먼저 영웅이 있어서 그가 역사를 만드는 것이 아니라, 필부필부가 어떤 시대적 상황을 만나 그에 맞서는 과정에서 영웅으로 거듭나는 것이다. 결국 역사란 하루하루를 성실하게 살아가는 보통 사람들의 이야기다. 그러므로 우리는 역사의 객체가 아니라 주체이며, 제각각 주인공이다. 역사는 저 멀리 떨어진 곳에 있는 것이 아니라 항상 우리 곁에 존재한다. 미국의 소설가 제임스 볼드윈은 '역사가 강력한 힘을 갖는 까닭은 우리 안에 역사가 있기 때문이고, 우리가 깨닫지 못하는 다양한 방식으로 우리를 지배하기 때문이다'라고 말한 바 있다.

기나긴 시간의 흐름에서 보더라도 역사는 가까이 있다. 현재의 나는 과거의 나가 있기에 존재하며, 미래의 나는 현재의 나가 있어야 존재한다. 내가 살아가는 하루하루가 모이면 곧 역사가 되는 것이다. 내가 일상을 살다가 어떤 우연인지 필연인지 모를 상황이 되면 역사적 사건을 만날 수도, 혹은 만들 수도 있다. 그래서 내가 하는 말 한마디, 내가 쓰는 글 한 줄, 내가 하는 행동 하나가 다 중요하다. 나에 대한 자존을 가져야 하고, 매일 매일 더 나은 사람이 되기 위해 노력해야 하는 바로 그 이유다.

수집을 통해 배우는 삶의 지혜

에필로그

수 집 이
미 지 의   세 계 로
나 를   이 끌 었 다

    역사 교사, 역사 강사로 학생들을 가르치는 일만 해 온 나는 최근 몇 년간 참 다양한 경험을 하고 있다. 그것은 머릿속에만 있던 미지의 세계였다. 분명히 내 의도가 아니었다. 만약 의도가 있었다면 그건 수집품, 혹은 수집품을 만든 시대와 사람들의 뜻이었을지 모른다. 혹시 옛 자료들 속에 숨어 있는 어떤 영혼이나 정령 같은 것이 보이지 않는 힘으로 나를 이리저리 밀친 것은 아니었을까.

    앞에서 밝힌 것처럼 대한민국역사박물관에 내가 소장하고 있던 자료 일부를 매도했다. 당시 나에게 두 가지가 떠올랐다. 하나는 일종의 자괴감 같은 것인데, 그간 내가 자료를 수집한 것은 오로지 수업을 좀 더 흥미롭게 하기 위해서지 재산적 가치를 늘리기 위해서는 아니라는 자각이다. 수집은 재화를 목적으로 해서는 안 되며, 수집품은 누군가의 독점물이 되어서는 안 된다. 이런 생각에 따라 나는 수집한 자료들을 국사편찬위원회에 디지털화해서 제공하기로 결심했다. 마침 국사편찬위원회에 대학 동기가 근무하고 있어서

일 진행은 그리 어렵지 않았다. 그렇게 제공한 자료는 사료철로 132건, 사료 건수로 615건이다. 국사편찬위원회 전자사료관에 그때 내가 제공한 사료가 보관되어 있고, 누구나 볼 수 있다.

또 하나는 이렇게 설레고 흥미로운 일이라면, 더욱 체계적으로 관련 학문을 공부하면 재미있을 것 같았다. 그래서 찾은 것이 기록학(記錄學, Archival science · Archival studies)이다. 기록학은 19세기 유럽의 고문서학(Diplomatics)에 연원을 두고 있으며, 기록물의 평가, 수집, 진본 확인, 보존, 검색 제공 등의 업무를 하는 데 필요한 이론을 연구하는 학문이다. 그래서 한국외국어대학교 대학원 정보기록학과 석사과정에 입학했다.

45세 만학도의 생활은 쉽지 않았다. 2013년부터 2년간 재수생을 가르치는 일과 중에 일주일에 2~3일 정도 대학원을 다니는 생활이 이어졌다. 다른 학과는 이수 학점이 24학점이지만 정보기록학과는 33학점을 이수해야 해서 더 많은 공부 시간이 필요했다. 물론 내가 처음부터 계획한 일은 아니었다.

역사 작가가 되다

당시 대학원에서 기록학을 공부하던 만학도가 맞닥뜨린 중요한 문제가 있었는데, 그것은 기록학의 중심이 내가 관심을 가지는 종이 기록물이 아니라 전자 기록물이라는 점이었다. 개설 과목도 전자 기록물 중심으로 편중되어 있었다. 그러다 보니 내가 정말로 재미있게 들을 수 있는 강의는 기록학 개론, 한국 근현대 문서 연구,

한국 기록 관리의 역사 등 몇 개 되지 않았고, 나머지는 그리 큰 흥미를 주지 못했다. 내가 더 이상 공부를 하지 않고 석사과정을 수료하는 것으로 마무리지은 이유다. 그때 생각했다. 석사 논문을 쓰느니 차라리 그 에너지로 수집 자료를 바탕으로 책을 쓰자. 그게 더 나을 것 같았다.

또한 책을 쓰기로 마음먹은 이유는 자료 속의 사람들이 나에게 들려 준 이야기와 사연 때문이었다. 매우 사소한 이야기 같지만, 결코 사소할 수 없는 역사와 사람들의 이야기 말이다. 어떤 때는 자료들끼리 잡담을 주고받기도 했다. 자료가 있는 다락방 문을 열면 왁자지껄한 소리가 환청처럼 들리는 듯했다.

드디어 그들은 나에게 정중하게 부탁했다.

'우리 이야기를 대신 세상 사람들에게 들려 줄 수 있겠소?'

나는 잠시 주저했다. 책을 써 본 일이 없기 때문이다.

얼마간의 고민 뒤 나는 그들에게 약속하고 말았다.

'좋습니다. 제가 능력은 없지만 당신들의 이야기를 글로 써 보겠습니다.'

감춰진 것에 대한 호기심만큼 자극적인 흥미는 없어 보였다. 그것이 글쓰기에 대한 두려움을 뛰어넘었다.

이렇게 나는 이중의 약속을 실천하기 위해 특별한 사람이나 하는 줄 알았던 책 쓰기에 도전했다. 2018년부터 〈레디앙〉에 연재한 글은 훌륭한 초고 역할을 했다. 휴머니스트 출판사와 1년간의 준비과정을 거쳐 2020년 7월 드디어 총 14편의 사연을 담은 《컬렉터,

역사를 수집하다》를 세상에 내놓았다. 이 책이 나온 뒤 14편에 포함되지 못한 자료들의 불만과 원망을 진정시키며 2023년 1월 새롭게 10편의 사연을 담은《역사 컬렉터, 탐정이 되다》라는 후속편을 냈다. 두 번째 책에서 '역사 컬렉터'라는 표현을 공식적으로 사용하기 시작했다. 두 책에 대한 독자들의 반응은 나쁘지 않았다. 이런 과정을 통해 2020년부터 나는 '역사 작가'라는 낯선 이름으로도 불리고 있다. 모두 수집 자료들이 이끈 결과다.

2020년 첫 책이 나온 뒤 대학원 지도교수 앞으로 "석사 논문 대신하여 이 책을 드립니다"라는 인사와 함께 책을 보내드렸다. 이로써 대학원에 들어간 지 7년 만에 석사과정을 스스로 마무리지을 수 있었다. 그런데 그것이 인연이 되어 2022년 지도교수로부터 정보기록학과에 객원교수로 와서 '한국 기록 관리의 역사' 과목을 강의해 달라고 제안받았다. 그래서 그때부터 지금까지 매년 2학기 대학원에서 강의하고 있다. 내가 대학원에 입학해 수업을 들은 지 대략 10년 만이다. 역시 내가 의도한 일이 아니었다. 내 자료들이, 내가 쓴 책이 나를 석박사 대학원생을 가르치는 교단에 설 수 있게 했다.

수집 전도사가 되다

2020년 7월 첫 책이 나온 직후 tvN 〈유 퀴즈 온 더 블록〉 작가로부터 출연 제안을 받았다. 2020년 8월 광복절 특집에 출연해 달라는 부탁이었다. 당시 나는 이 프로그램을 제대로 알지 못했다. 작가가 퀴즈 프로그램이라고 소개하길래, 내가 역사 문제를 내면 진행자나 패널이 문제를 맞히는 프로그램이냐고 되물었을 정도다.

이 프로그램은 내가 생각한 것보다 훨씬 유명했다. 만약 그렇게 유명한 프로그램인 줄 알았다면 무척 긴장한 상태에서 녹화했을 것이다. 〈유 퀴즈 온 더 블록〉 방송 이후 많은 변화가 생겼다. 〈아침마당〉, 〈여성시대〉, 〈스미다〉, 〈평생학교〉, 〈선을 넘는 녀석들-더 컬렉션〉 등 텔레비전 및 라디오 프로그램에서 출연 제의가 들어왔고, 출연해 옛 자료 속에 담긴 역사 이야기를 나누었다.

그리고 각종 도서관이나 중고등학교, 대학교, 지방자치단체, 국가보훈부, 서울시교육청 교원연수원, 서울도서관, 서울역사박물관, 대한민국역사박물관, 대한민국임시정부기념관 등에서 강연하는 기회를 가졌다. 나는 학생들을 가르치는 일을 업으로 삼는 사람이지만, 원래 성격은 내성적이라 대중 앞에 서는 것을 무척 쑥스러워한다. 그런데 오늘도 대중 앞에서 역사 자료 수집의 중요성과 자료 속에 담긴 역사 읽기 등에 대한 강연을 하고 있다. 모두 내 수집 자료들이 인도한 세계다. 이것 역시 내 의도가 아니다. 자료들이 나에게 부여한 일이라면 흔쾌히 그것을 따르고자 할 뿐이다.

수집 자문 활동

첫 책을 내고 1년이 지났을까? 국가기록원에서 연락이 왔다. 민간 기록물 수집자문위원으로 위촉하고 싶다는 것이었다. 국가기록원은 말 그대로 국가 기록물을 관리하는 기관이다. 국가 기록물 중 공공 기록물은 그 기록물을 생산한 공공기관으로부터 이관받아서 관리하면 된다. 그런데 민간에서 생산한 민간 기록물은 기증이나 매입을 통해 수집할 수밖에 없다. 이때 기록물이 그럴만한 가치가 있는지 평가 과정을 거친다. 이 과정에서 수집자문위원회 회의가 열린다. 국가기록원에서 나를 민간 기록물 수집자문위원으로 위촉한 까닭은 내가 쓴 책 때문이었다. 역사와 기록학을 공부한 데다 기록물의 가치를 밝히는 책까지 출간했으니 수집 자문역을 맡겨도 되겠다고 판단했을 것이다. 그래서 1년에 서너 번 대전에 있는 국가기록원을 방문해 수집 자문 활동을 하고 있다.

2023년에는 익산시민기록관 콘텐츠 감수를 맡았다. 익산시에서는 시민기록관을 개관할 계획으로 당시 1만4,000점에 달하는 민간 기록물을 수집했고, 이에 대한 콘텐츠 감수가 필요했다. 나는 일주일에 걸쳐 수집 기록물을 감수했다. 그리고 이듬해인 2024년 1월 초 익산시민기록관이 정식 개관했다.

최근 나는 황국신민서사비가 해방 이후 어떻게 되었는지를 탐구하다가 그 일부가 해방기념비 또는 대한민국독립기념비로 재활용된 사례를 발견했다. 그걸 계기로 현재 한국에 남아 있는, 해방이나 대한민국 정부 수립을 기념하는 기념물을 일일이 조사했다. 그 결과 전국적으로 해방기념비 6개, 대한민국독립기념비 6개, 기념 나무 5그루 등 모두 17개의 기념물이 남아 있음을 확인했다. 흥미로운 사실은 그중 3분의 1에 해당하는 6개가 전남 순창군에 있다는 점이다. 순창군 바로 아래 곡성군에 있는 해방기념비 1개까지 합치면 순창 일대에 7개의 기념물이 몰려 있는 셈이다. 그다음으로 대전에 3개, 세종에 2개가 있고, 나머지 지역은 대부분 1개에 불과하다. 나는 고추장으로 유명한 순창군이 특산품인 고추장에만 머물 수는 없다고 생각했다. 순창은 해방과 대한민국 정부 수립의 기쁨을 가장 격하게 표출한 곳이었다. 그래서 이 기념물들을 순창군을 대표하는 문화유산으로 적극 활용하는 것이 어떠냐는 아홉 쪽짜리 제안서를 만들어 순창군수와 순창군을 지역구로 둔 국회의원에게 보냈다.

내가 대전의 국가기록원을 방문해 수집 자문을 하고, 전혀 연고가 없는 익산시민기록관에 대한 콘텐츠 감수를 맡게 된 이유는 무엇이었을까? 또한 순창군에 문화유산 활용에 대한 제안서를 보내게 된 이유는 무엇이었을까? 모두 내가 수집한 자료들이 내 등을 떠밀었기 때문이며, 국가기록원 그리고 익산과 순창에 있는 민간기록물과 문화유산이 나를 끌어당겼기 때문이다. 이것 역시 내 의도가 아니었다.

다만 가슴 뛰는 일만 행하라

이처럼 수집은 나에게 많은 변화를 주었고, 다양한 경험을 선사했다. 나는 이 자료들이 가진 거대한 힘을 아직 다 알지 못한다. 지난 몇 년간 자료들이 보여 준 힘도 가늠하기 힘든데, 앞으로 또 어떤 미지의 세계로 나를 데려가 어떤 도구로 사용할지 알지 못한다. 그 자료들이 인도하는 길로 조심스럽게 한 발씩 나아갈 뿐이다. 나는 그저 내가 좋아하고 가슴 설레는 일을 하면 된다. 무엇보다 삶은 즐거워야 한다.

　일찍이 독일의 대문호 괴테는 시 〈명심하라〉에서 이렇게 말했다.

　'올바른 목적에 이르는 길은 그 어느 구간에서든 바르다. 그대 일에 있어서 다만 바른 일만 행하라. 다른 건 저절로 이루어질 것이다.'

　나는 이를 약간 고쳐서 이렇게 말하고 싶다.

　'그대 일에 있어서 다만 떨리고 가슴 설레는 일만 행하라. 다른 건 저절로 이루어질 것이다.'

　동시에 나는 이 말의 역설도 함께 마음속에 새기고 있다. 훗날 옛 자료들을 보고도 가슴 설렘이 사라지는 날, 수집한 자료들은 나를 더 이상 찾지 않을 것이다. 나만 죽는 것이 아니라 자료도 죽고, 자료와 나눈 오랜 대화도 끝나는 것이다. 역사 컬렉터의 소명 또한 그날 끝날 것이다. 그것이 역사 컬렉터의 운명이라면 그마저도 달게 받아들일 것이다.

역사 컬렉터가 사는 법

1판 1쇄 발행 2024년 12월 6일

지은이 박건호 | **디자인** 신병근 황지희 | **사진** 이의렬

펴낸이 임중혁 | **펴낸곳** 빨간소금 | **등록** 2016년 11월 21일(제2016-000036호)

주소 (01021) 서울시 강북구 삼각산로 47, 나동 402호 | **전화** 02-916-4038

팩스 0505-320-4038 | **전자우편** redsaltbooks@gmail.com

ISBN 979-11-91383-52-2(03900)

• 책값은 뒤표지에 있습니다.